Inklusives Wachstum und wirtschaftliche Sicherheit

D1798292

Christian Keuschnigg
(Hrsg.)

Inklusives Wachstum und wirtschaftliche Sicherheit

Erkenntnisse ökonomischer
Spitzenforschung prägnant
zusammengefasst

Mit Vorworten von Prof. Dr. Thomas Bieger
und Simon Schmid

Herausgegeben mit Unterstützung von
Beatrix Eugster und Michael Kogler

Herausgeber
Christian Keuschnigg
St. Gallen, Schweiz

Beatrix Eugster und Michael Kogler haben alle Beiträge sorgfältig sprachlich ediert
und auf Richtigkeit geprüft.

ISBN 978-3-658-21343-5   ISBN 978-3-658-21344-2   (eBook)
https://doi.org/10.1007/978-3-658-21344-2

Die Deutsche Nationalbibliothek verzeichnet diese Publikation in der Deutschen Nationalbiblio-
grafie; detaillierte bibliografische Daten sind im Internet über http://dnb.d-nb.de abrufbar.

Springer Gabler
Gedruckt auf säurefreiem und chlorfrei gebleichtem Papier

Springer Gabler ist ein Imprint der eingetragenen Gesellschaft Springer Fachmedien Wiesbaden
GmbH und ist ein Teil von Springer Nature
Die Anschrift der Gesellschaft ist: Abraham-Lincoln-Str. 46, 65189 Wiesbaden, Germany

Geleitwort

Die Studierenden der Volkswirtschaftslehre erschliessen sich im Studium die modernen Methoden der empirischen und theoretischen Forschung und erarbeiten sich den aktuellen Bestand des Wissens über wirtschaftliche Zusammenhänge. Für Oekonominnen und Oekonomen wird es jedoch in modernen Wissensgesellschaften immer wichtiger, ihre Resultate einer breiten Oeffentlichkeit verständlich kommunizieren zu können. Deshalb sind nicht nur methodische Fertigkeiten und die Kompetenz zur wirtschaftspolitischen Problemlösung gefragt, sondern auch die Fähigkeit zur Kommunikation. Diese Fähigkeiten bereits während der Ausblidung zu stärken, ist Ziel des Projektes „Next Generation".

Ganz im Stil eines „Reader's Digest" fassen die Studierenden in einem Kurztext die zentralen Kernaussagen und die wichtigsten quantitativen Ergebnisse ökonomischer Forschung zusammen. Sie trainieren auch ihre Fähigkeit zur Kommunikation in populärer Form, damit die Erkenntnisse der Forschung auch den Nicht-Ökonomen zugänglich werden. Damit leisten die Studierenden selbst einen wichtigen Beitrag zu einer Kernaufgabe der Universität, nämlich dem Wissenstransfer von der Grundlagenforschung in die wirtschaftspolitische Praxis. Auf diesem Weg lassen sie die Öffentlichkeit an ihrem Studium teilhaben.

Der Herausgeber wählt mit den betreuenden DozentInnen geeignete Forschungsarbeiten von hoher Aktualität und Relevanz aus. Ein kurzer Abstract ordnet das Thema in den wirtschafts- und gesellschaftspolitischen Kontext ein und erklärt die Relevanz der Arbeit. Die Texte sind sorgfältig editiert. Eine allgemein verständliche und populäre Aufmachung stellt sicher, dass die Leser ohne Hintergrundwissen in der Ökonomie die Texte gut aufnehmen können.

Das Projekt Next Generation ist eine permanente Begabten- und Nachwuchsförderung, die den Top-Talenten unter den St. Galler Studierenden zu mehr Sichtbarkeit verhilft. Die Zusammenarbeit mit der Handelszeitung und die Verbreitung in breit gestreuten Newslettern dienen der Wahrnehmung in einer breiteren

Öffentlichkeit. Mit ihren Beiträgen können sich die jungen Nachwuchstalente der Universität den Entscheidungsträgern in Politik und Wirtschaft vorstellen und selbst einen Beitrag zum Wissenstransfer in die Praxis leisten.

Ich danke dem Initianten des Projekts, den betreuenden Dozierenden und den engagierten Studierenden für Ihre Arbeit.

Prof. Dr. Thomas Bieger
Rektor der Universität St. Gallen

Geleitwort

Kurze Sätze formulieren. Starke Verben brauchen. Sich von Abschnitt zu Abschnitt hangeln. Eine klare Argumentation entwickeln. Beispiele bringen. Mit Bildern arbeiten. Analogien verwenden. Statistiken zitieren: Schreiben ist ein Handwerk, das gelernt sein will. Und das geübt werden soll. Studierende der Universität St. Gallen erhalten im Rahmen von „Next Generation" die Gelegenheit, wirtschaftspolitische Arbeiten einem breiten Publikum vorzustellen. Unter Anleitung von Dozenten werden die jungen Akademikerinnen dabei an eine wichtige Aufgabe herangeführt: Ökonomisches Wissen in die Gesellschaft hinauszutragen, und zwar in einer Sprache, die jeder versteht. „Next Generation" leistet somit einen wichtigen Beitrag zum universitären Wissenstransfer. Dieser gehört in einer aufgeklärten Gesellschaft zur Pflicht gegenüber den Bürgern. Schliesslich sind sie es, die mit ihren Steuerbeiträgen den Uni-Betrieb ermöglichen.

Der Wissenstransfer ist jedoch keine Einbahnstrasse. Die Akademie besitzt kein Deutungsmonopol über „richtige" oder „falsche" Ansichten. Gerade in der Wirtschafts- und Sozialpolitik, wo es am Ende stets um monetäre Entscheide mit realen Auswirkungen für konkrete Personen geht, wäre eine solche Einstellung fatal. Ökonomen sollen die Öffentlichkeit nicht nur informieren, sondern ihr auch zuhören. Es ist deshalb wichtig, dass sich Wirtschaftsforscher in die Welt hinauswagen und an Debatten teilnehmen. Auch das Internet soll für den diskursiven Austausch genutzt werden, mit seinen unzähligen Blog-Plattformen, Kommentarforen und Social-Media-Netzwerken.

Die „Handelszeitung" publiziert die Beiträge von „Next Generation" auf ihrem Onlineportal. Sie möchte so dazu beitragen, dass die nächste Forschergeneration nicht im Elfenbeinturm vereinsamt, sondern mitten in der Gesellschaft arbeitet. Wir wünschen den schreibenden Masterstudenten und Doktorandinnen viel Erfolg – bei ihren fachlichen und kommunikativen Projekten.

Simon Schmid

Simon Schmid ist Journalist bei der „Republik". Als Chefökonom der „Handelszeitung" lancierte er den Ökonomieblog „Free Lunch", auf dem regelmässig Beiträge von „Next Generation" erscheinen.

Vorwort

Die Volkswirtschaftslehre hält eine fast unüberschaubar grosse Fülle empirischer Forschungsergebnisse bereit, die es für Politik, Wirtschaft und Gesellschaft zu nutzen gilt. Die aktuelle Forschung erweitert laufend das Wissen über wirtschaftliche Zusammenhänge und über Auswirkungen von Politikmassnahmen und legt damit die Grundlage für eine sachliche, evidenzbasierte Politik.

Mit Publikationen in führenden Fachjournalen treiben die Wissenschaftler ihre akademische Karriere voran und dokumentieren die Erkenntnisse ihrer Forschung zur weiteren Nutzung durch andere. Die universitäre Lehre vermittelt den Bestand des gesicherten Wissens der jungen Generation der Studierenden, um sie für ihre künftigen Aufgaben zu rüsten. Wie können jedoch Politik und Öffentlichkeit von den neuen Erkenntnissen und der Weiterentwicklung der Volkswirtschaftslehre profitieren?

Die Entscheidungsträger in Politik und Wirtschaft haben in der Regel weder Zugang zu den spezialisierten Fachzeitschriften noch haben sie das technische Wissen, um die Ergebnisse direkt würdigen zu können. Auch die Medien und die Öffentlichkeit brauchen für die demokratische Willensbildung ein unabhängiges Bild von wirtschaftlichen Entwicklungen und Zusammenhängen. Das verlangt nach einer Übersetzung der neuen Forschungsergebnisse in nicht technische und populär verständliche Formate, damit die Wissenschaft mehr praktischen Nutzen für Politik und Öffentlichkeit stiften kann.

Mit den Forschungsnachrichten des Projekts Next Generation informieren die besten St. Galler Studierenden der Volkswirtschaftslehre über neue Erkenntnisse ökonomischer Spitzenforschung. Die Beiträge richten sich an Entscheidungsträger in Politik und Wirtschaft, Medien und die interessierte Öffentlichkeit. Sie stiften auch einen separaten Nutzen in der Lehre. Sie ergänzen die Inhalte der spezialisierten Lehrveranstaltungen und Textbücher mit ganz neuen

Forschungsergebnissen und ermöglichen den Studierenden, wichtige Querbezüge zwischen den Spezialdisziplinen der Volkswirtschaftslehre zu erkennen.

Die Texte können die Studierenden anregen, den untersuchten Fragestellungen im Rahmen von Master- und PhD-Arbeiten vertieft auf den Grund zu gehen. Sie sollen jüngere Studierende für ein vertieftes Studium der Volkswirtschaftslehre begeistern. Am wichtigsten scheint mir, dass die studentischen Autoren mit allgemeinverständlichen Zusammenfassungen die Öffentlichkeit und die Steuerzahler an ihrem Studium teilhaben lassen und einen eigenständigen Beitrag zum Wissenstransfer in die wirtschaftspolitische Praxis leisten.

Angela und Manfred Dirrheimer gaben mit einer generösen Startfinanzierung den Anstoss für die Initiative Next Generation. Dafür sage ich im Namen aller Mitwirkenden sehr herzlichen Dank.

Prof. Dr. Christian Keuschnigg
Professor für Nationalökonomie, Herausgeber

Inhaltsverzeichnis

Teil I
Einleitung

Empirische Grundlagen der Wirtschaftspolitik

Christian Keuschnigg

Sind inklusives Wachstum und wirtschaftliche Sicherheit möglich? Welche Rahmenbedingungen muss der Staat setzen und welche Reformen auf den Weg bringen, damit der Wohlstand nachhaltig zunimmt? Welche Anstrengungen und Investitionen müssen Familien und Unternehmen tätigen? Wie können die schwachen Gruppen der Gesellschaft angemessen teilhaben? Solche Fragen dominieren die Wirtschaftspolitik. Dabei gibt es weder in der Politik noch in der Wirtschaft einen endgültigen Erfolg. Globalisierung, Innovation und struktureller Wandel stellen das Erreichte immer wieder in Frage.

Forschung für die wirtschaftspolitische Praxis
Eine erfolgreiche Wirtschaftspolitik steht auf festen theoretischen und empirischen Fundamenten. Eine Wirtschaftspolitik ohne Theorie wäre Aktionismus ohne Ziel und Plan. Eine Politik ohne gesicherte empirische Grundlagen wäre Spekulation. Die Erreichung der Politikziele hängt davon ab, dass die getroffenen Massnahmen verlässlich vorhersehbare Wirkungen entfalten. Deshalb sind die Evaluationsstudien der empirischen volkswirtschaftlichen Forschung so ausserordentlich wichtig. Um Reformen auf den Weg zu bringen, investieren die Entscheidungsträger persönliche Reputation und politisches Kapital und müssen sich meist zu schwierigen Kompromissen durchringen. Wie könnte es sich für einen Wirtschaftspolitiker auszahlen, sich für Reformen zu engagieren, wenn die erwarteten positiven Wirkungen ungewiss erscheinen oder die geschätzten Wirkungen zwar statistisch hoch signifikant, aber quantitativ vernachlässigbar sind? Die in

C. Keuschnigg (✉)
FGN, Universität St. Gallen, St. Gallen, Schweiz
E-Mail: christian.keuschnigg@unisg.ch

© Der/die Autor(en) 2018   3
C. Keuschnigg (Hrsg.), *Inklusives Wachstum und wirtschaftliche Sicherheit*,
https://doi.org/10.1007/978-3-658-21344-2_1

der Wirtschaftspolitik postulierten Zusammenhänge sollen daher nicht nur statistisch signifikant, sondern auch quantitativ bedeutsam sein.

Wie kann die ökonomische Forschung für die Wirtschaftspolitik nutzbar werden? Dazu braucht es einen funktionierenden Wissenstranfer in die Praxis. Entscheidungsträger haben weder die Zeit noch die fachliche Kompetenz, die Entwicklungen in den spezialisierten Fachzeitschriften zu verfolgen. Sie verfügen über einen erfahrenen und fachlich kompetenten Mitarbeiterstab, der die Forschungsergebnisse aufbereitet, damit sie in den Entscheidungsprozess einfliessen können. Sie sollten aber idealerweise ihre eigene Richtlinienkompetenz schärfen, indem sie sich die wichtigsten Einsichten der neueren Forschung aneignen und sich ein eigenständiges und unabhängiges Urteil bilden. Ebenso muss sich in der Demokratie die Öffentlichkeit ein informiertes Bild von grundlegenden wirtschaftlichen Zusammenhängen machen, um die Politik kontrollieren und informierte Wahlentscheidungen treffen zu können. Mit der populären und allgemein zugänglichen Aufbereitung empirischer Forschungsbeiträge kann die Volkswirtschaftslehre den Wissenstransfer in die Praxis befördern.

Eine Schwierigkeit in der Nutzung der empirischen Forschung besteht darin, dass einzelne Arbeiten oft nur ein punktuelles Ergebnis bringen und häufig kein endgültiges Urteil erlauben. Je nach untersuchter Zeitperiode und je nach spezifischem institutionellem Hintergrund liefert die empirische Forschung eine grosse Bandbreite von Ergebnissen. Einzelne Forschungsbeiträge unterscheiden sich zudem im methodischen Anspruch, in der Qualität der quantitativen Analyse und daher in der Glaubwürdigkeit der Ergebnisse. In vielen Fällen lässt sich anhand einer kritischen Literaturübersicht oder mittels Meta-Studien ein breit abgestützter Konsens ableiten. Dieser Sammelband beschreitet jedoch einen anderen Weg, der an die universitäre Lehre anknüpft. Auch die Volkswirtschaftslehre an der Universität steht vor der Herausforderung, den Studierenden, den Alumnis, den Entscheidungsträgern der Wirtschaftspolitik und der interessierten Öffentlichkeit einen gesicherten Bestand des empirischen Wissens zu vermitteln.

Um zu verlässlichen Ergebnissen der volkswirtschaftlichen Spitzenforschung zu gelangen, erfolgt die Auswahl der Forschungsbeiträge in diesem Band nach drei Kriterien. Erstens stammen die Arbeiten aus den führenden Fachzeitschriften. Sie unterliegen damit einem harten Auswahlprozess mit einer überaus strengen Qualitätskontrolle. Die besten Fachjournale akzeptieren nur fünf bis zehn Prozent der eingereichten Beiträge, die zudem in einem aufwendigen Begutachtungs- und Überarbeitungsprozess noch weiter verbessert werden. Der Wettbewerb ist ähnlich intensiv wie in Sport und Kultur, wo der Wettbewerb zu Spitzenleistungen anspornt, oder in der Privatwirtschaft, wo nur die innovativen Unternehmen rasch wachsen können und mangelnde Leistung den Untergang bedeutet. Zweitens stellt die Auswahl auf das Ansehen der Wissenschaftler in der Fachwelt ab, die ihre Reputation mit einer Vielzahl von Forschungserfolgen geschaffen haben und daher in ihrem Fachgebiet tonangebend sind. In den Spitzenjournalen vergehen oft mehrere Jahre bis zur tatsächlichen Publikation der Beiträge. Daher berücksichtigt der Sammelband auch ganz neue Forschungsarbeiten von führenden Ökonomen, die bereits als Diskussionspapiere renommierter Universitäten und Forschungsnetzwerke zugänglich, aber noch nicht publiziert sind. Das dritte Auswahlkriterium ist die wirtschaftspolitische Relevanz und der Anwendungsbezug.

Die Ergebnisse der empirischen Forschung erfahren die Studierenden in spezialisierten Lehrveranstaltungen. Dabei kommt die themenübergreifende Darstellung, welche zentrale Zusammenhänge und Querbezüge aufzeigt, oft zu kurz. Solche Querbezüge sind gerade auch für die wirtschaftspolitische Praxis wichtig. Wie sonst könnte es möglich sein, die Komplementarität oder Rivalität wirtschaftspolitischer Strategien zu erkennen? Die Wirtschaftspolitik handelt oft punktuell und isoliert. Damit droht der Gesamtzusammenhang aus dem Blick zu geraten. Ein Beispiel dafür sind die regulatorischen Initiativen für strengere Eigenkapital- und Liquiditätsstandards für Banken, um die Stabilität des Finanzsystems zu stärken. Dabei wird übersehen, dass das Steuersystem einen starken Anreiz zur Überschuldung setzt und der Staat selbst zur Instabilität beiträgt. Es ist ein Widerspruch, dass der Staat mit der Abzugsfähigkeit von Zinsen auf Fremdkapital und Immobilienkrediten die Überschuldung von Haushalten, Unternehmen und der Banken fördert, und dann mit Finanzmarktregulierung wieder das Gegenteil anstrebt, nämlich weniger Verschuldung und mehr Eigenkapital. Solche Widersprüche entstehen, wenn wichtige Querbezüge vernachlässigt und daher die Komplementarität oder Rivalität unterschiedlicher wirtschaftspolitischer Handlungsfelder nicht erkannt werden.

Der vorliegende Sammelband stellt empirische Forschungsarbeiten auf unterschiedlichen Gebieten thematisch zusammen und will in diesem Überblickskapitel einen wirtschaftspolitischen Gesamtzusammenhang herstellen. Angesichts der Breite des Fachs bleibt die Auswahl der nachfolgenden Beiträge thematisch selektiv und lückenhaft. Dennoch beleuchten sie zentrale Handlungsfelder der Wirtschaftspolitik und reichen von der Rolle des Staates bis zur Stabilität des Finanzsystems.

Die Rolle des Staates
Der Staat setzt die wirtschaftlichen und gesetzlichen Rahmenbedingungen, organisiert öffentliche Leistungen, welche die Lücken im privatwirtschaftlichen Angebot schliessen, sorgt für soziale Sicherheit und eine ausgewogene Verteilung, und

finanziert sich mit Steuern und Gebühren. Er handelt im Auftrag der Bürgerinnen und Bürger und soll die Interessen der grossen Mehrheit bedienen. Dabei gibt es höchst unterschiedliche Vorstellungen über die Staatsaufgaben. Am Ende gelten die Entscheidungen jedoch für alle gleich. Wie können die Wähler sicher sein, dass die Ergebnisse der Politik tatsächlich im Sinne der grossen Mehrheit ausfallen? Drohen das Streben nach politischer Macht und Prestige und die Bedienung mächtiger Interessensgruppen den Wählerauftrag zu verfälschen? Der erste Beitrag zeigt anhand empirischer Evidenz aus der Schweiz, wie direkte Demokratie und fiskalischer Wettbewerb zwischen Gemeinden und Kantonen die Politik disziplinieren können. Die beiden Mechanismen ergänzen sich. In jenen Regionen, wo der fiskalische Wettbewerb nur schwach ausgeprägt ist, ist die direkt demokratische Kontrolle besonders wichtig. Wenn die Wähler in einer Gemeinde selbst über die Höhe der Einkommensteuer abstimmen können, zahlen sie um 3 % tiefere Steuern als in Gemeinden mit nicht direkt demokratischer Verfassung. Fehlt es an direkt demokratischen Einflussmöglichkeiten, dann wirkt der Steuerwettbewerb disziplinierend.

Der Staat finanziert sich mit Steuern und Gebühren. Gebühren sind der Preis für eine individuell zurechenbare Leistung. Steuern sind notwendig, wenn öffentliche Leistungen wie Rechtssicherheit, Verteidigung und innere Sicherheit, Grundlagenforschung, oder Umweltqualität allen gleich zur Verfügung stehen, und wenn Umverteilung zu finanzieren ist. Ein einzelner Bürger alleine kann aber weder Umfang und Verwendung öffentlicher Ausgaben noch die Steuerfinanzierung bestimmen. In Zeiten knapper öffentlicher Budgets ist meist für gemeinnützige Zwecke, die vielen Bürgern wichtig sind, nicht genug Geld da. Erfolgreiche und vermögende Personen sind oft motiviert, der Gesellschaft etwas zurückzugeben und fördern mit grossen Spenden ihnen besonders wichtig erscheinende gemeinnützige Zwecke. Auch viele Bürger mit wenig Einkommen spenden kleine Beträge. Wie können Staat und gemeinnützige Organisationen freiwillige Beiträge für gemeinnützige Zwecke mobilisieren? Steueranreize oder staatliche Zuschüsse zum privaten Spendenaufkommen regen die Spendentätigkeit an. Sinken Dank steuerlicher Abzugsfähigkeit die privaten Kosten der Spendenfinanzierung um 1 %, dann steigt das Spendenaufkommen um mehr als 1 %. Die Bürger spenden am ehesten dort, wo die staatliche Finanzierung zu kurz greift, und enthalten sich umso mehr, wenn der Staat selbst die Finanzierung ausweitet. Ein Euro mehr an öffentlichen Ausgaben für einen gemeinnützigen Zweck reduziert das Spendenaufkommen um 50 Cents.

Steuern finanzieren den Löwenanteil der Staatsausgaben. Das Steuersystem soll einfach, fair und leistungsfreundlich sein. Da die Staatsausgaben von allen gemeinsam finanziert werden, steht der individuellen Steuerzahlung keine persönlich zurechenbare Gegenleistung gegenüber. Steuern mindern daher die Leistungsbereitschaft und bremsen das Wachstum. Die Steuerzahler weichen der Besteuerung aus und versuchen, die Last auf andere zu überwälzen. Das führt zu schwierig abzuschätzenden Verteilungseffekten und erschwert die Verteilungspolitik. Der dritte Beitrag fasst neue Forschungsergebnisse aus den U.S.A. zusammen, wonach z. B. eine Senkung der lokalen Gewinnsteuerbelastung um 1 % die Zahl der lokalen Unternehmen während 10 Jahren um rund 3 bis 4 % erhöht. Das Umgekehrte gilt bei einer Steuererhöhung. Je mehr die Unternehmen ihre Investitionen zurücknehmen oder abwandern, desto ungünstiger entwickeln sich Löhne und Immobilienpreise in der Region. Die Last der Unternehmenssteuer wird demnach zu 40 % von den Eigentümern, zu 30–35 % von den Immobilienbesitzern und zu 25–30 % von den Arbeitnehmern getragen. Es ergeben sich zwei Schlussfolgerungen. Die Besteuerung hat im wachsenden Steuerwiderstand ihre Grenzen, und die Verteilungspolitik muss das Endergebnis nach allen Anpassungsvorgängen im Blick haben.

Ein besonders schwer zu kontrollierende Form der Steuerausweichung ist die internationale Gewinnverschiebung multinationaler Unternehmen, z. B. mittels Verlagerung von Patenten, steuersparender Festsetzung von konzerninternen Lizenzgebühren und Verrechnungpreisen oder interner Kreditvergabe. Um Steuern zu sparen, können Multis z. B. den F&E-Aufwand in Ländern mit hoher Steuerbelastung tätigen, aber die Patente auf Standorte in Niedrigsteuerländer übertragen, um dort die Patenterträge besonders niedrig zu versteuern. Das bringt die Hochsteuerländer unter Druck. Der vierte Beitrag berichtet von Forschungsergebnissen, wonach eine Erhöhung des Steuersatzes auf Patenteinnahmen um zehn Prozentpunkte die Anzahl von Patentanmeldungen in diesem Land um 35 % verringert. Dabei kommt es nicht nur auf die Steuerbelastung im Inland an. Ein Land verliert auch dann Patente, wenn das Ausland die effektive Steuerbelastung auf Patenterträge senkt.

Nicht jede Steuerausweichung ist unerwünscht. Eine Staatsaufgabe ist die Beseitigung von Marktstörungen. Wenn die privaten Akteure gesellschaftlich relevante Erträge und Kosten teilweise nicht berücksichtigen, dann führt das private Streben nach Einkommen und Gewinn zu ‚Fehlentscheidungen' aus gesellschaftlicher Sicht, die es zu korrigieren gilt. Ein Beispiel ist die Neigung zur Überschuldung, welche die Finanzstabilität gefährdet und allen Marktteilnehmern schadet. Eine der Ursachen für die Überschuldung ist die steuerliche Bevorzugung des Fremdkapitals. Die steuerliche Gleichstellung von Fremd- und Eigenkapital sollte eine positive Verhaltensreaktion auslösen und dazu beitragen, die Überschuldung zu verringern und mit mehr Eigenkapitalbildung die Finanzstabilität zu stärken. Mit dieser Absicht hat Belgien die steuerliche Abzugsfähigkeit einer Eigenkapitalverzinsung beschlossen.

Der fünfte Beitrag berichtet von Forschungsergebnissen, wonach die Eigenkapital-quote der belgischen Banken nach der Reform um über 13 % zugenommen hat. Vor allem die schwach kapitalisierten Banken, bei denen eine Stärkung des Eigenkapi-tals besonders dringlich war, haben überdurchschnittlich stark reagiert. Während die Eigenmittel stark gestiegen sind, hat das Volumen der Aktiva und Kredite sich kaum verändert. Die Reform unterstützt damit die Wirksamkeit der regulatorischen Min-deststandards und sorgt für mehr Krisenrobustheit im Bankensektor.

Bildung und soziale Inklusion

Reichtum und Armut entstehen durch Anstrengung und Fleiss ebenso wie durch Glück und Pech. Armut kann die Folge mangelnder Anstrengung und Vorsorge sein. Es kann sich aber niemand aussuchen, ob sie oder er in eine reiche Fami-lie hineingeboren wird, reichlich mit Talent ausgestattet ist oder nicht, spekta-kulären Erfolg in einem unternehmerischen Beruf erzielt oder wegen Invalidität, unverschuldeter Insolvenz oder anderen Schicksalsschlägen in die Armut schlit-tert. Das Bedürfnis nach wirtschaftlicher Sicherheit begründet den Sozialstaat. Er soll unterschiedliche Chancen zu Beginn und während des ganzen Lebens ausgleichen (Umverteilung), einen angemessenen Wohlstand in allen Lebensla-gen erhalten (Versicherung) und auch eine angemessene soziale Teilhabe ermög-lichen. Der Sozialstaat besteht aus den Institutionen der Sozialversicherung, die mit Versicherungsbeiträgen persönliche Leistungsansprüche begründen, und aus dem Steuer- und Transfermechanismus, der Einkommen oben mit progressiven Steuern abschöpft und unten mit Ersatzleistungen aufstockt.

Eine nachhaltig hohe soziale Inklusion braucht vorbeugende und korrigierende Massnahmen. Eine vorbeugende Politik soll Ungleichheit und soziale Risiken erst gar nicht entstehen lassen, und setzt daher auf Bildung, fairen Wettbewerb und freien Zugang zu Unternehmertum und lukrativen Berufen. Ein leistungsfähiges Bildungswesen und weitgehende Vollbeschäftigung sind die wichtigsten vor-beugenden Investitionen, die den Sozialstaat vor Überbeanspruchung schützen. Dagegen korrigieren die Sozialversicherung und der Steuer-Transfer-Mechanis-mus eine entstandene Ungleichheit im Nachhinein. Es entstehen Anreizprobleme, welche den Umfang des Sozialstaats ausweiten und zunehmende Kosten verur-sachen. Eine grosszügige Absicherung mindert die Leistungsbereitschaft und das Vorsorgeverhalten, so dass mehr Menschen Leistungen in Anspruch nehmen und weniger zur Finanzierung beitragen. Diese Themen beleuchtet der Abschnitt über Bildung und soziale Inklusion aus verschiedenen Blickwinkeln.

Ungleichheit ist jedoch keine statische Angelegenheit und Armut kein Schick-sal. Sozialer Aufstieg und Abstieg verändern die Position in der Gesellschaft, im Laufe des Lebens und in der Abfolge der Generationen. Wer heute arm ist und seine Chancen nutzt, bringt es morgen zu Wohlstand. So lautete der amerikanische Traum des Aufstiegs vom Tellerwäscher zum Millionär. Die Forschung zeigt jedoch, dass die U.S.A. heute nicht mehr das Land mit der höchsten sozialen Mobilität sind, wie der erste Beitrag des Abschnitts zusammenfasst. Die Wahrscheinlichkeit, dass Kinder aus einer Familie der 20 % tiefsten Einkommen im Laufe des Lebens in die Top 20 % aufsteigen, beträgt in den U.S.A. etwa 7,5 %. Dagegen liegen diese Aufstiegschancen in Kanada bei 13,4 und in Dänemark bei 11,4 %. Ghettobildung, Ungleichheit, Schulqualität, Sozialkapital und Familienstruktur beeinflussen die soziale Mobilität und können 76 % der Unterschiede in den sozialen Aufstiegschancen zwischen den Regionen der U.S.A. erklären.

Das Bildungswesen, das speziell auch die Kinder aus bildungsfernen Elternhäuser erreicht, ist für Chancengleichheit und sozialen Aufstieg entscheidend. Leistungsfähige Schulen brauchen gutes Management, um die Produktivität zu steigern und mehr aus dem Steuergeld herauszuholen. Es gilt, das richtige Personal auszuwählen, klare Ziele vorzugeben, Leistungsanreize zu setzen, die Zielerfüllung zu kontrollieren und die Abläufe zu korrigieren, wenn die Leistung nicht stimmt. Der zweite Beitrag berichtet von einer Untersuchung von 1800 zufällig ausgewählten Schulen in acht Ländern, wonach moderne Managementmethoden wenig verbreitet sind und grosse Unterschiede zwischen den Schulen bestehen. Gutes Schulmanagement könnte die Leistungen der Schülerinnen und Schüler um 23 bis 42 % einer Standardabweichung (als Mass für die Unterschiede zwischen den Schulen) verbessern. Es zeigt sich offensichtlich, dass staatliche Schulen über die beste Managementqualität verfügen, wenn sie autonom über Personal, Zulassung und Curriculum entscheiden können.

Die Sozialversicherung soll vor Einkommensverlusten schützen und wirtschaftliche Sicherheit vermitteln, kann aber unerwünschte und bisweilen überraschende Nebenwirkungen haben. Eine umfangreiche Versicherung mindert die Anreize zu vorbeugendem Verhalten, steigert die Häufigkeit der Schadensfälle und verteuert damit die Versicherung. Das zeigt sich auch im dritten Beitrag zur Arbeitslosenversicherung in Österreich. Von 1988 bis 1993 wurde zur Abfederung eines regional konzentrierten Strukturwandels in 28 von ca. 100 Bezirken die maximale Bezugsdauer des Arbeitslosengeldes für ältere Arbeitnehmer mit langer Beschäftigungsdauer um drei Jahre angehoben. Mit der Einführung des Programms stieg bei den geförderten Arbeitnehmern die Arbeitslosendauer um 43 Wochen an. Die längere Abwesenheit vom Arbeitsmarkt verringerte die Stellenkonkurrenz und erleichterte die Jobsuche der übrigen Arbeitslosen, die in der Folge ihre Arbeitslosigkeit um 4 Wochen verkürzen konnten.

Ein Kernthema der sozialen Inklusion ist die Vereinbarkeit von Beruf und Familie und die Gleichberechtigung der Frauen auf dem Arbeitsmarkt. Wie reagieren Haushalte und Arbeitgeber auf familienpolitische Massnahmen? Der vierte Beitrag fasst die empirische Evidenz zur Familienpolitik in den hoch entwickelten Ländern zusammen. Demnach kann z. B. eine bezahlte Elternzeit von drei Monaten die Beschäftigungsquote von Frauen um 3 bis 4 % erhöhen, ohne ihre Löhne zu beeinträchtigen. Ein längerer Elternurlaub trägt jedoch nichts mehr zur Beschäftigungsquote der Frauen bei, senkt aber ihre Löhne um ca. 3 %. Am ehesten profitieren die gering qualifizierten Frauen, während ein längerer Berufsunterbruch die Arbeitsmarktchancen hoch qualifizierter Frauen beeinträchtigt. Eine wirksame familienpolitische Massnahme ist die frühkindliche Betreuung. Eine Erhöhung der Ausgaben für Kinderbetreuung um 1 % des BIPs führt zu einem Anstieg der Frauenerwerbsquote von 3,6 Prozentpunkten.

Investitionen in die Kinderbetreuung bauen Ungleichheiten zwischen Männern und Frauen auf dem Arbeitsmarkt ab und regen zudem die Geburtenraten an. Die Fertilität der Frauen und die Chancen der Kinder auf eine entwicklungsfördernde familiäre Betreuung hängen jedoch von vielen Faktoren ab. Auch langanhaltende demographische Verschiebungen als Folge eines Männermangels dürften die Chancen der Frauen und Kinder nach dem zweiten Weltkrieg beeinträchtigt haben. Der fünfte Beitrag zeigt, dass von 1939 bis 1946 der Anteil unehelicher Geburten in den bayerischen Landkreisen von 9,2 auf 20,8 % angestiegen ist. Die Forscher schätzten unter Berücksichtigung vieler anderer Einflussgrössen, dass die Reduktion des Geschlechterverhältnisses um 1 % zu einem Anstieg des Anteils ausserehelicher Geburten von 1,2 % in 1946 führte.

Frauen sind in leitenden Positionen stark untervertreten. Der Frauenanteil in den Führungspositionen grosser börsenkotierter Unternehmen lag 2013 in den U.S.A. bei tiefen 14 %, wie der sechste Beitrag berichtet. Dabei kann sich eine höhere Diversität in den Aufsichts- bzw. Verwaltungsräten durchaus positiv auf die Unternehmenswerte auswirken, indem Frauen wichtige fachliche Kompetenzen einbringen, die in reinen Männergremien fehlen. Dadurch kann sich die Qualität der Unternehmenskontrolle und strategischen Beratung durch den Verwaltungsrat verbessern. Die Forschungsarbeit zeigt tatsächlich, dass neu in den Verwaltungrat aufgenommene Frauen im Schnitt 0,53 zuvor nicht abgedeckte Kompetenzen einbringen, im Unterschied von nur 0,32 neuen Kompetenzen bei Männern.

Gesundheit fördert Lebensqualität und wirtschaftlichen Erfolg. Ein wesentlicher Aspekt sozialer Inklusion ist daher der Zugang zum Gesundheitswesen insbesondere für einkommensschwache Gruppen und eine rasche Behandlung hoher Qualität im Notfall. Andererseits ist gerade das Gesundheitswesen und dabei vor allem die stationäre Behandlung in Spitälern eine wichtige Ursache für einen starken Kostenanstieg. Es stellt sich die schwierige Frage, ob die intensivere und teurere Behandlung in den Spitälern mit einer besseren Versorgung von Patienten gerechtfertigt werden kann. Der siebte Beitrag zeigt, dass eine gute Erstbehandlung in Spitälern hohe Folgekosten vermeiden und sich durchaus auszahlen kann. Das Ergebnis einer ökonometrischen Untersuchung für die U.S.A. ist, dass eine Erhöhung der Spitalsausgaben pro Patient um US$ 1800 die Sterberate der Patienten, welche per Ambulanz eingeliefert werden, um 10 % von 37 auf 33,3 % verringert. Eine intensive Erstbehandlung ist zwar zunächst kostspielig, kann aber Einsparungen bei teuren Nachbehandlungen ermöglichen. Die Forscher finden daher, dass eine Zunahme der Kosten für die Erstbehandlung um 10 % die medizinischen Gesamtkosten innerhalb des ersten Jahres nur um 6 % steigert.

Forschung und Innovation

Die Wertschöpfungskette der Innovation beginnt mit der Grundlagenforschung und endet mit der kommerziellen Verwertung. In der Marktwirtschaft spielen Staat und private Unternehmen klar definierte Rollen. Die Grundlagenforschung ist eine klassische Staatsaufgabe, da das neue Wissen wie ein öffentliches Gut ohne besondere Einschränkungen allen zur Verfügung steht. Das neu geschaffene Wissen erleichtert wie andere produktive Vorleistungen die privaten F&E-Investitionen. Die Erkenntnisse der Grundlagenforschung fliessen jedoch nicht automatisch in die Privatwirtschaft. Um sie für die kommerzielle Anwendung zu erschliessen, muss ein Wissenstransfer stattfinden, z. B. durch hoch qualifiziertes Personal, universitäre Patente und Neugründungen von jungen Technologieunternehmen. Dafür braucht es separate Investitionen und geeignete Anreize für Universitäten und Unternehmen.

Mit den privaten F&E-Investitionen legen die Unternehmen den Grundstein für ihr Wachstum. Aber auch die private F&E entfaltet unentgeltliche Vorteile für die gesamte Wirtschaft, weil die neuen Lösungen rasch bekannt werden oder durch Personalwechsel in andere Unternehmen getragen werden. Damit fällt die gesellschaftliche Ertragsrate deutlich höher aus als die rein private F&E-Rendite. Das rechtfertigt eine staatliche Innovationsförderung, um die private Innovation auf das richtige Niveau zu heben. Dabei rechnet sich der Einsatz von Steuergeldern nur, wenn die staatliche Förderung sich nicht in Mitnahmeeffekten erschöpft, sondern die privaten F&E-Investitionen ausreichend stark hebeln kann.

Um den Wissenstransfer aus den Universitäten voranzutreiben, müssen die Forscher Zeit und grossen Aufwand tätigen, um Patente zu entwickeln und spezielle Anwendungen für die Privatwirtschaft zu erschliessen. Diese Investitionen erfolgen nicht von alleine, weil sie zu Lasten der Kernaufgaben in Grundlagenforschung und universitärer Lehre gehen. Finanzielle Anreize können helfen, angemessene Investitionen für einen Wissenstransfer anzustossen und zur kommerziellen Nutzung der universitären Forschung beizutragen. Das zeigt sich im ersten Beitrag dieses Abschnitts zu den Auswirkungen einer Erfolgsbeteiligung von Professoren. Norwegen hat 2003 die vorher mögliche Beteiligung der Wissenschaftler an den finanziellen Erträgen ihrer Forschung abgeschafft und die Einnahmen in die Universitätshaushalte übertragen. In der Folge sank die Zahl universitärer Neugründungen von 24,7 % vor der Reform auf 10,8 % danach. Das ist ein Rückgang von 56 %. Die Reform senkte die Wahrscheinlichkeit, dass ein universitärer Forscher ein Unternehmen gründet, um ca. 63 %. Die gesamten Patentanmeldungen einer Universität gingen um 20 % und jene eines universitären Forschers um 48 % zurück. Diese Ergebnisse stützen die Erkenntnis, dass Eigentumsrechte – wie überall sonst – auch für die Ausrichtung der universitären Forschung wichtig sind.

Die private F&E der Unternehmen schafft Wissen und Know-How, das nicht nur den eigenen Erfolg stärkt, sondern auch anderen Firmen nützt. Die zusätzlichen Erträge für andere rechtfertigen eine Innovationsförderung mit Steuererleichterungen, aber nur, wenn sie tatsächlich mehr Forschung anstossen. Den Auswirkungen steuerlicher F&E-Förderung geht der zweite Beitrag nach. Grossbritannien hat 2008 die steuerliche Abzugsfähigkeit von F&E-Ausgaben erhöht und den Kreis der anspruchsberechtigten KMU erheblich ausgedehnt. Heute können KMU 175 % und Grossunternehmen 130 % der F&E-Ausgaben von der Steuer absetzen. Nach der Steuerreform hat sich die F&E in den betroffenen Unternehmen ungefähr verdoppelt. Dabei ist der Effekt bei jenen Unternehmen stärker, die vorher schon F&E betrieben haben. Die Steueranreize haben bei gleichbleibender Qualität der Innovationen die Zahl der Patente um 58 % gesteigert. Der Anstoss ist, dass Steueranreize die privaten F&E-Kosten absenken. Die Wissenschaftler schätzten, dass eine Absenkung dieser Kosten um 1 % die F&E-Investitionen um 2,6 % steigern können. Steueranreize können also sehr wirksam sein, private Innovation zu stärken.

Auch der dritte Beitrag geht der Wirksamkeit staatlicher Innovationsförderung nach. Die Forscherin nutzte Daten von 1995 bis 2013 des Small Business Innovation Research (SBIR) Programms des Energieministeriums. Das SBIR ist das grösste Förderprogramm der U.S.A., welches Subventionen an High-Tech Unternehmen vergibt. Die Förderung erfolgt in zwei Stufen. Zunächst bewerben sich Start-ups um eine wettbewerblich vergebene Subvention von US$ 150.000. Wenn sie damit erfolgreich sind, können sie sich zwei bis drei Jahre später, wenn sie schon etwas älter sind, um eine Anschlussförderung von bis zu US$ 1 Mio. bewerben. Ein Ziel des Programms ist es, privates Wagniskapital für junge Unternehmen zu mobilisieren. Die Wissenschaftlerin schätzt, dass nach einer Förderung die Wahrscheinlichkeit von Start-ups, Wagniskapital zu erhalten, sich sprunghaft von 10 auf 20 % verdoppelt. Die Start-ups in der ersten Stufe des Programms halten im Durchschnitt 21 Patente. Eine Förderung erhöht die Zahl der Patentanmeldungen um etwa den Faktor 2,5. Die Anschlussförderung an die bereits etwas älteren Unternehmen hat dagegen keinen signifikanten Einfluss mehr auf die Finanzierung mit Wagniskapital und auf die Überlebensrate. Sie steigert jedoch die Zahl der Patente um das Doppelte. Das ist beträchtlich, aber deutlich weniger als bei der Frühförderung. Die Ergebnisse legen nahe, die Innovationsförderung vor allem auf junge innovative Start-ups zu konzentrieren.

Unternehmen, Management und industrieller Wandel
Innovation, gutes Management und hoch motiviertes Personal bringen die Unternehmen voran. Mit Innovation erwerben sie jenen Qualitäts- und Kostenvorsprung, mit dem sie im globalen Wettbewerb erfolgreich sind und ihre Stellung auf den Absatzmärkten ausbauen können. Daher investieren F&E-intensive Unternehmen mehr, wachsen schneller und schaffen mehr Beschäftigung. Gut positionierte Unternehmen mit klaren Wettbewerbsvorteilen können ihren Arbeitnehmern mehr Jobsicherheit und Aufstiegschancen bieten. Bei mangelnder Innovation drohen Schrumpfung oder gar Marktaustritt, wenn die Nachfrager sich den Konkurrenten mit attraktiverem Angebot zuwenden. Innovationsgetriebenes Wachstum durch „kreative Zerstörung" verursacht daher einen starken Strukturwandel mit Gewinnern und Verlierern unter den Unternehmen und ihren Eigentümern wie auch bei den Arbeitnehmern.

Innovationsgetriebenes Wachstum ist bildungsintensiv und spreizt die Lohnschere, insbesonders wenn Qualifikation und Ausbildung der Arbeitenden nicht rasch genug nachziehen. Gering qualifizierte Arbeitnehmer geraten unter Druck, die gut ausgebildeten und hoch qualifizierten gewinnen. Innovation stärkt die Bildungsprämie und ist eine der Ursachen für grössere Ungleichheit. Spitzenmanager, Risikokapitalgeber und innovative Unternehmerpersönlichkeiten in den profitabelsten Unternehmen erwirtschaften stark steigende, aber auch sehr riskante Einkommen und tragen damit zu einem steigenden Einkommensanteil der Top-1-Prozent der Einkommen bei. Was sagt die empirische Forschung zum industriellen Wandel, den Folgen für die Einkommensverteilung und den Perspektiven der Arbeitnehmer?

Was tun Manager, um ein Unternehmen zum Erfolg zu führen? Sie entwickeln die Strategie, positionieren das Unternehmen gegenüber der Konkurrenz, sorgen für effiziente Abläufe in Produktion und Vertrieb, und setzen im Innovationsprozess auf profitable, zukünftige Geschäftsfelder. Der erste Beitrag zeigt, wie die Forschung anhand von Daten des ‚World Management Surveys' den Einfluss der Managementqualität auf den Unternehmenserfolg gemessen an Umsatz, Arbeitsproduktivität und

Kapitalrendite ermittelt. Demnach kann ein Unternehmen seine Produktivität um 4,3 % steigern, wenn es seine Managementqualität um eine Standardabweichung (das entspricht einer Stufe auf der Skala von 1 bis 5) verbessert. Etwa die Hälfte des Effektes von besseren Managementmethoden auf die Umsätze wird durch die gezielte Beschäftigung von besser qualifizierten Mitarbeitern und Managern erzielt. Gut geführte Unternehmen neigen dazu, schlechte und wenig produktive Mitarbeiter öfter zu entlassen und vermehrt gut qualifizierte Mitarbeiter einzustellen. Eine hohe Managementqualität hat also einen ganz erheblichen Einfluss auf den Erfolg der Unternehmen und ihrer Belegschaft.

Die Unternehmen sind einem harten Wettbewerb mit hohem Erlösrisiko ausgesetzt, vor allem, wenn sie in innovativen, sich rasch wandelnden Branchen und auf weltweiten Absatzmärkten tätig sind. Während die Gewinne stark schwanken, bleiben Löhne und Beschäftigung vergleichsweise stabil. Die Unternehmen ‚versichern' die Arbeitnehmer, wie der zweite Beitrag zeigt. Dabei bieten Familienunternehmen mehr Beschäftigungssicherheit und können ihre Angestellten in einer Krise eher überzeugen, mit vorübergehenden Lohnzugeständnissen die Beschäftigung zu erhalten. Wenn der Branchenumsatz um 10 % einbricht, sinkt im Durchschnitt der Unternehmen der Reallohn um 0,5 bis 0,6 %, jedoch um 0,7 bis 0,9 % in den Familienunternehmen. Dagegen sinkt die Beschäftigung in Nicht-Familienunternehmen mit 1,2 bis 1,9 % deutlich stärker als in Familienunternehmen, wo sie im Wesentlichen konstant bleibt. Die Erlöseinbrüche schlagen also nur zu einem geringen Teil auf Reallöhne und Beschäftigung durch.

Bringen Automatisierung und Digitalisierung den Mittelstand unter Druck? Der dritte Beitrag zeigt auf, dass die Automatisierung dort den grössten Nutzen stiftet, wo viele repetitive Routinetätigkeiten anfallen. Berufe mit viel Routine sind gerade in den mittleren Einkommensgruppen stark vertreten. Die fortschreitende Automatisierung könnte daher den Mittelstand ausdünnen und zu einer Polarisierung der Arbeitswelt beitragen. Tatsächlich haben die Beschäftigungsanteile von hoch und niedrig bezahlten Berufen von 1993 bis 2010 merklich zugenommen, während der Anteil der durchschnittlich entlohnten Berufe deutlich schrumpfte. Die Forscher schätzen, dass eine Zunahme der Routineintensität um eine Standardabweichung das Beschäftigungswachstum in den exponierten Berufen mit mittlerem Einkommen um 0,9 Prozentpunkte verlangsamte. Sie betonen, dass vor allem der technologische Fortschritt und weniger die Globalisierung die Ausdünnung des Mittelstands und die Polarisierung der Arbeitswelt prägt.

Was sich heute als Herausforderung der Automatisierung und Digitalisierung neu stellt, hat sich bereits in der IT-Revolution der 90-er Jahre gezeigt. Von 2002 bis 2012 ist in den U.S.A. der Lohn der untersten 10 % der Lohnskala über 10 Jahre um nur 9,5 % gestiegen, während die obersten 10 % einen Anstieg um

22,5 % verbuchen konnten. Der vierte Beitrag zeigt, wie der Anstieg der Bildungsprämie von der Bildungs- und Wissensintensität des technologischen Fortschritts abhängt. Die Produktion verlangt zunehmend hochqualifizierte Arbeit, während weniger gut ausgebildete Arbeitskräfte teilweise wegrationalisiert werden. Die Wissenschaftler schätzten, dass alleine der technologische Wandel mit seiner gegenseitigen Abhängigkeit von Kapital und Bildung isoliert betrachtet einen Anstieg der Bildungsprämie um ca. 60 % verursachte. Die gleichzeitige Erhöhung des Angebots an qualifizierten Arbeitskräften konnte die Prämie wieder um etwa 40 % senken und den starken Anstieg teilweise kompensieren. Demnach hat die Bildungsprämie im Saldo wesentlich moderater um 18 % zugenommen. Es zeigt sich, dass eine fundierte Ausbildung und lebenslanges Lernen wichtiger denn je sind, um in einem sich rasch wandelnden Arbeitsmarkt nicht als Verlierer dazustehen.

Innovation ist schöpferische Zerstörung und begünstigt tendenziell die Talentierten, die Unternehmer und die reichen Eigentümer, die Risikokapital einsetzen. In den U.S.A. hat sich zwischen 1975 bis 2013 der Anteil der Top-1-Prozent der Spitzenverdiener am Gesamteinkommen von 8,8 auf 20,1 % mehr als verdoppelt. Die im fünften Beitrag zusammengefassten Forschungsergebnisse belegen, wie die Zunahme der Top-1-Prozent unter Berücksichtigung vieler anderer Einflussgrössen ursächlich mit zunehmender Innovation zusammenhängt. Demnach steigert eine um 10 % höhere Anzahl von Patenten den Einkommensanteil der Spitzenverdiener um 2,4 %. Etwa 22 % des Anstiegs des Einkommensanteils der Top-1-Prozent entfallen auf Innovation. Zunehmende Innovation hat dagegen kaum einen signifikanten Einfluss auf die Verteilung im Rest der Bevölkerung. Bemerkenswert ist zudem, dass Innovationen vor allem in neu gegründeten Unternehmen die Aufstiegschancen verbessern und die soziale Mobilität erhöhen. Marktabschottung durch etablierte Unternehmen dagegen zementiert den Reichtum und bremst die soziale Mobilität.

Die Industrie ist ein Treiber der Innovation und des Produktivitätswachstums. Viele beklagen eine fortschreitende Deindustrialisierung. Was bedeutet eigentlich Deindustrialisierung genau und wie bewältigen die Unternehmen den Strukturwandel? Das erörtert der sechste Beitrag am Beispiel Dänemarks, wo die Zahl der Arbeitsplätze in der Industrie seit 1986 um mehr als 40 % abnahm. Deindustrialisierung bedeutet aber nicht automatisch das Ende der betroffenen Unternehmen. Die Forscher dokumentieren, dass 10 % der Industriefirmen von 2002 bis 2007 in industrienahe Dienstleistungsbranchen wechselten, was 42 % der Arbeitsplatzverluste in der Industrie erklärt. Unternehmen, welche die Branche wechselten, waren bereits vor dem Wechsel produktiver und beschäftigten mehr gut ausgebildete Mitarbeiter als jene, die in der Industrie verblieben. Zwei Jahre nach dem Branchenwechsel waren 53 % der Belegschaft ausgetauscht, wobei sich der Anteil hoch qualifizierter Mitarbeiter verdoppelte. Diese Ergebnisse legen nahe, dass eine defensive Wirtschaftspolitik, welche einen hohen Industrieanteil erhalten will, gerade die agilen Unternehmen verfehlen würde, welche mit innovativen Dienstleistungen profitablere Geschäfte erschliessen und am Ende ihren Arbeitnehmern bessere Perspektiven bieten können.

Banken, Finanzierung und Krisenrobustheit
Jede Investition braucht eine Finanzierung, und die Sparer suchen den richtigen Kompromiss zwischen Ertrag und Risiko. Wie finden die Ersparnisse und Anlagevermögen zu ihrer besten Verwendung? Viele Anleger wollen Sicherheit, aber die Investitionen der Wirtschaft sind riskant. Die Sparer wollen ihr Geld kurzfristig verfügbar haben, aber die Unternehmen brauchen langfristig gebundene Finanzierung. Die Sparer verfügen oft nur über kleine Beträge, aber die Wirtschaft braucht Investitionsfinanzierung in grossem Stil. Die Sparer haben oft wenig Zeit und andere Prioritäten, aber es braucht Überwachung und Kontrolle, um den erwarteten Ertrag zu sichern. Ein leistungsfähiger Finanzplatz bringt die Ansprüche der Anleger mit den Bedürfnissen der Wirtschaft zusammen, damit Investition, Wachstum und Zukunftsvorsorge gelingen. Banken und die anderen Finanzakteure bauen Risiken durch Diversifikation ab. Sie verwandeln kurzfristig abrufbare Ersparnisse in langfristige Kreditfinanzierung um. Sie bündeln viele kleine Sparbeträge für grosse Finanzierungen. Sie machen die Investitionen mit den grössten Chancen auf Wachstum und Wertsteigerung ausfindig und leisten Überwachung und Kontrolle im Auftrag ihrer Kunden, die oft weder die Zeit noch die nötige Expertise haben.

Ein leistungsfähiger Finanzplatz stützt auf vielfache Weise das Wachstum. Indem er das Kapital auf die ertragreichsten Verwendungen lenkt und von schrumpfenden Unternehmen und Branchen abzieht, leistet er einen wesentlichen Beitrag zur Produktivität. Im Auf und Ab der Konjunktur und im laufenden Strukturwandel durch Innovation sind die Unternehmen und die Erträge der Finanzanlagen einem hohen gesamtwirtschaftlichen Risiko ausgesetzt. Dazu kommt das Risiko im Wettbewerb um Marktanteile im In- und Ausland, wo das starke und manchmal sogar spektakuläre Wachstum der innovativen und erfolgreichen Unternehmen sich im Schrumpfen bis hin zur Insolvenz der weniger leistungsfähigen Konkurrenten spiegelt. Mit systematischer Diversifikation und einer Glättung von Risiken über die Zeit durch Ausnutzung von Kapitalpuffern und Reserven kann ein leistungsfähiger Finanzplatz Risiken in grossem Stil abbauen und wirtschaftliche Sicherheit ermöglichen. Damit jedoch Banken und die anderen Finanzakteure tatsächlich als Stossdämpfer dienen und die Konjunktur stabilisieren können, müssen sie selbst über genügend risikotragendes Eigenkapital und hohe Liquiditätsreserven verfügen. Fehlt es an diesen Kapitalreserven, dann kann der Finanzsektor sich schnell zum Krisenherd wandeln und in eine eskalierende Finanzkrise schlittern, der die Wirtschaft destabilisiert. Die folgenden Beiträge belegen die Rolle der Banken und des Finanzplatzes für die Entwicklung der Gesamtwirtschaft mit empirischer Evidenz.

Zu Beginn der Krise der Eurozone war die geringe Eigenkapitalausstattung der Banken und die starke Abhängigkeit von Bankkrediten ein wesentlicher krisenverschärfender Faktor, während in den USA der Kapitalmarkt stark zur Finanzierung der Wirtschaft beitrug und die Abhängigkeit von Bankkrediten viel geringer war. Eine solche Situation steigert die Ausfallswahrscheinlichkeit, die Höhe der anfallenden Verluste, und die Ansteckungsgefahren der Banken untereinander. Der erste Beitrag präsentiert Schätzungen, wonach das systemische Risiko, das von einer einzelnen Bank ausgeht, in der Eurozone wesentlich höher als in den U.S.A. war. Bezogen auf das Jahr 2011 hätte demnach in einer Immobilienkrise eine Bank mit einer Bilanzsumme von 1 Bio. € (die Deutsche Bank hatte eine Bilanzsumme von 1,6 Bio. €) ein systemisches Risiko von 78 Mio. € dargestellt, in den U.S.A. dagegen nur von 48 Mio. €. Im Zuge einer scharfen Immobilienkrise wären die Wachstumsverluste in einem Land mit hoher Abhängigkeit von Bankenkrediten wesentlich höher als in einem Land mit stark ausgebauter Kapitalmarktfinanzierung. Die Forscher führen diese Entwicklungen auf die implizite Staatsgarantie und auf die schwache Kapitalisierung der Banken zurück. Inzwischen hat sich die Situation mit den stark verschärften Kapital- und Liquiditätsanforderungen und der Bankenunion mit den Überwachungs- und Abwicklungsmechanismen wesentlich gebessert. Zudem will die EU mit der Kapitalmarktunion die Rolle der Kapitalmärkte ausbauen und in Hinkunft eine ausgewogenere Mischung über Banken- und Kapitalmarktfinanzierung erreichen.

Was macht eine Bank krisenanfällig und wieviel trägt sie zur Ansteckung des ganzen Sektors bei? Die zweite Arbeit zeigt, dass in einer Krise die Ansteckungsgefahren zwischen Banken vor allem auf zwei Wegen entstehen, Interbankenkredite und Notverkäufe von Vermögenswerten, die einen Preiseinbruch und damit Vermögensverluste bei anderen Banken auslösen. Die Systemrelevanz einer Bank hängt nicht nur von ihrer Grösse und ihrer Verschuldung, sondern auch von der Verwundbarkeit ihrer Bilanz gegenüber einem Preisverfall von Vermögenswerten und ihrer Verflechtung mit anderen Banken ab. Zum Beispiel kann ein Schuldenschnitt bei Staatsanleihen hohe direkte Vermögensverluste im Bankensektor auslösen. Wenn nun aber die Banken Notverkäufe tätigen und eine Abwärtsspirale bei den Anleihepreisen auslösen, entstehen weitere Verluste, die bis zu sechs Mal so hoch sein können wie der ursprüngliche Schuldenschnitt. Eine Begrenzung des Verschuldungsgrads und eine gezielte Rekapitalisierung der Banken mit der grössten Systemrelavanz können eine Ausbreitung der Krise am wirksamsten verhindern.

Die Kreditwürdigkeit des Staates ist begrenzt. Die regulatorische Bevorzugung der Staatsanleihen macht die Banken gegenüber dem staatlichen Kreditrisiko verwundbar. Riskante Staatsanleihen werfen hohe Risikoprämien ab, müssen aber von den Banken anders als z. B. Unternehmenskredite nicht mit Eigenkapital unterlegt werden. Deshalb sind gerade in den Krisenstaaten der Eurozone die Staatsanleihen wegen ihrer hohen Zinsen für die dortigen Banken besonders interessant. Der dritte Beitrag zeigt, dass die Banken in den Krisenstaaten tatsächlich inländische Staatsanleihen zweimal so schnell angehäuft haben wie in den stabilen Staaten, wobei vor allem schwach kapitalisierte Banken eher Staatsanleihen erwerben anstatt Unternehmenskredite zu vergeben. Die Forscher schätzten, dass in den Krisenstaaten Kursverluste von 17 % bei den Staatsanleihen, die mit einem Anstieg der Risikoprämien einhergehen, das Wachstum der Unternehmenskredite um bis zu 1,4 Prozentpunkte dämpften. Eine Staatsschuldenkrise beeinträchtigt also über den Bankensektor die Realwirtschaft.

Die bessere Eigenkapitalausstattung im Zuge der strengeren Kapitalanforderungen haben die Widerstandsfähigkeit der Banken gestärkt und die Wahrscheinlichkeit von Finanzkrisen in Europa reduziert. Wie der vierte Beitrag belegt, kommt es für die Stabilisierung der Wirtschaft sehr darauf an, wann die Banken ihr Eigenkapital aufstocken müssen. Im Boom sind die Gewinne gross und die Banken können auch leicht neues Eigenkapital auf dem Markt aufnehmen, in der Krise ist es angesichts der auftretenden Verluste fast unmöglich. Deshalb sind antizyklische Kapitalpuffer, also höhere Eigenkapitalanforderungen im Boom und geringere in der Rezession, für die Stabilisierung der Konjunktur so wichtig. Die Forscher schätzen, dass in der Hochkonjunktur eine Erhöhung von Eigenkapitalreserven um 0,1 % zu einem Rückgang des Kreditangebots um 4 Prozentpunkte führt. Wegen der reichlichen Verfügbarkeit von Finanzierung im Boom bleiben negative Folgen für die Realwirtschaft weitgehend aus. Ein Aufbau der Eigenkapitalreserven um 1 % vor einer Krise erhöht jedoch in der folgenden Rezession die Kredite um 9 Prozentpunkte, das Beschäftigungswachstum um 6 Prozentpunkte und die Überlebenswahrscheinlichkeit der Unternehmen um 1 Prozentpunkt. Antizyklische Kapitalpuffer können also einen starken Beitrag zur Stabilisierung leisten.

In der richtigen Verfassung können also Banken einen wichtigen Beitrag zur Stabilisierung der Wirtschaft leisten. Aber nicht alle Banken sind gleich. Eine besondere Rolle spielen die Hausbanken. Sie sind lokal verankert, pflegen dauerhafte Geschäftsbeziehungen und kennen ihre Kunden ganz genau. Deshalb können sie auch in Krisenzeiten Kreditlinien weiterführen, während andere Geschäftsbanken weniger Geduld haben und Kredite schneller fällig stellen. Der fünfte Beitrag stellt Forschungsergebnisse vor, wonach die Hausbanken während einer Finanzkrise ihren Unternehmen ein um 30 % höheres Kreditvolumen zur Verfügung stellen und einen um 0,12 Prozentpunkte niedrigeren Zins verrechnen als normale Geschäftsbanken. Die Wahrscheinlichkeit, dass ein Kredit nicht verlängert wird, ist bei normalen Geschäftsbanken um 6 bis 9 Prozentpunkte höher. Es zeigt sich auch, dass Hausbanken eine um 3 Prozentpunkte höhere Eigenkapitalquote haben. Ausgestattet mit diesem Puffer können sie auch während einer Krise die Kreditlinien weiterführen und ihre Kunden durch schwierige Zeiten lotsen.

Damit sich Innovation entfalten kann, muss Strukturwandel stattfinden. Dabei spielen Banken eine wichtige Rolle. Kreditwürdigkeitsprüfung, laufende Überwachung, und die Entscheidung, Kredite nicht mehr zu verlängern, steuern das Kapital von schrumpfenden hin zu rentablen Verwendungen mit besseren Wachstumsaussichten. Doch man muss die Banken machen lassen. Das zeigte sich gemäss dem sechsten Beitrag an den Auswirkungen einer umfassenden Reform des französischen Bankensektors im Jahr 1985, welche das staatlich gelenkte zu einem marktwirtschaftlich gesteuerten Bankensystem umstellte. Nach dieser Reform waren Banken weniger bereit, schlecht gehende Unternehmen am Leben zu halten und lenkten die Kreditvergabe energischer auf profitable und expandierende Unternehmen. Sie stutzten die Verschuldung der besonders bankabhängigen Unternehmen von 79 % auf eine gesündere Quote von 69 % nach der Reform zurecht, so dass die Eigenkapitalausstattung der Unternehmen um 8 Prozentpunkte stieg. Die Deregulierung führte zu einem Rückgang der Bilanzsumme in den besonders bankabhängigen und überfinanzierten Sektoren relativ zu anderen um 6 %. Dafür stiegen die Markteintritte und die neu geschaffenen Vermögenswerte um 26 % stärker als in anderen, weniger bankabhängigen Branchen. Die Kreditentscheidungen der Banken haben also einen erheblichen Einfluss auf den Prozess der schöpferischen Zerstörung, der die Produktivität und das innovationsgestützte Wachstum stärkt.

Eine sorgfältige Kreditwürdigkeitsprüfung ist bei Unternehmen und Haushalten gleichermassen notwendig. Das zeigt der siebte Beitrag zu Zahltagskrediten in den U.S.A. Solche Kleinkredite über wenige Wochen ohne Sicherheiten helfen, vorübergehende Mehrausgaben oder unerwartete Einnahmenausfälle bis zum nächsten Gehaltseingang zu überbrücken, sind jedoch sehr teuer. Ein erleichterter Zugang zu Zahltagskrediten steigert die Wahrscheinlichkeit um 5,3 Prozentpunkte, dass ein Haushalt in Schwierigkeiten gerät. Während ein Viertel der Kreditnehmer ein bis zweimal im Jahr einen Kleinkredit aufnimmt, benutzen rund 30 % mindestens zwölf Kredite pro Jahr. Die Forscher schlussfolgern, dass ein Konsumentenschutz mit Mass notwendig ist, damit nicht einzelne Anbieter die Unwissenheit und mangelnde Selbstkontrolle der Kunden ausnutzen.

Legt eine langanhaltende Niedrigzinsphase den Keim für die nächste Finanzkrise? Niedrige Zinsen stauchen die Zinsspanne und mindern die Profitabilität des Bankensektors. Zudem gehen sie mit hoher Liquidität einher und ermöglichen selbst den schlecht kapitalisierten Banken noch eine günstige Refinanzierung. Der letzte Beitrag zeigt die Folgen für Volumen und Qualität der Kreditvergabe. Demnach steigt nach einer Senkung der Tagesgeldzinsen um 1 Prozentpunkt bei schlechter kapitalisierten Banken die Wahrscheinlichkeit einer Kreditzusage an zahlungssäumige Gläubiger um 3 Prozentpunkte mehr als bei stabilen Banken. Zudem weiten sie ihr riskantes Kreditvolumen um 18 % mehr aus als die stabilen Banken. Banken mit wenig Eigenkapital vergeben riskantere Kredite, die mit einer um 5 Prozentpunkte höheren Wahrscheinlichkeit ausfallen. Gleichzeitig sinken die Anforderungen an die Besicherung. Die Wahrscheinlichkeit, dass diese Kredite gänzlich unbesichert bleiben, steigt im Vergleich zu gut kapitalisierten Banken um fast 7 Prozentpunkte. Über längere Zeit erhöht ein niedriger Leitzins nicht nur das Kreditvolumen, sonder steigert auch das Risiko des Kreditportfolios und den Umfang der faulen Kredite, vor allem bei verwundbaren Banken mit geringer Eigenkapitalausstattung. Das könnte der Keim für die nächste Krise sein.

Fazit

Die Volkswirtschaftslehre hält eine fast unüberschaubar grosse Fülle empirischer Forschungsergebnisse bereit, die es für die Politik und die Öffentlichkeit zu nutzen gilt. Dieser Band enthält nur ein kleine, aber hoffentlich wichtige Auswahl von Beiträgen. Die empirische Forschung diszipliniert die volkswirtschaftliche Theoriebildung, deren Einsichten die Chancen auf bessere wirtschaftspolitische Konzepte steigern. Auch in der volkwirtschaftlichen Theoriebildung findet dabei ein Prozess kreativer Zerstörung statt. Jene Theorien, die empirisch gut abgesichert sind, setzen sich durch und gewinnen an Glaubwürdigkeit und Einfluss. Was nicht gut abgestützt ist oder gar im Widerspruch zu empirischen Forschungsergebnissen steht, verliert über kurz oder lang an Bedeutung und scheidet aus.

Die empirische Forschung liefert der Wirschaftspolitik die grösstmögliche Sicherheit über die quantitativen Auswirkungen von Reformen, damit eine evidenzbasierte Politik möglich wird. Eine absolute Sicherheit kann es nicht geben. Zudem ändern sich einmal ermittelte Zusammenhänge über die Zeit, wenn die Wirtschaft ihre Struktur verändert oder wenn die institutionellen Rahmenbedingungen angepasst werden, und müssen durch neue Gesetzmässigkeiten ersetzt werden. Nur eines ist gewiss: ohne empirische Forschung gibt es mit Sicherheit keine evidenzbasierte Politik. Dann ist die Gefahr gross, dass die Folgen von wirtschaftspolitischen Massnahmen zum Gegenstand von Spekulation werden und der Erfolg der Politik hauptsächlich von Zufälligkeiten abhängt.

Die Ergebnisse der Volkswirtschaftslehre sollen Nutzen nicht nur für die wirtschaftspolitischen Entscheidungsträger stiften, sondern auch für die Öffentlichkeit, die für eine wirksame demokratische Kontrolle ein unabhängiges Bild von wirtschaftlichen Zusammenhängen und von den Folgen der Politik braucht. Deshalb ist es wichtig, dass komplexe Zusammenhänge auf das Wesentliche vereinfacht und allgemein verständlich vermittelt werden. Das ist der wichtige Beitrag der Studierenden im Projekt Next Generation, die mit den vorliegenden Beiträgen die interessierte Öffentlichkeit an ihrem Studium teilhaben lassen.

Teil II
Die Rolle des Staates

Kann Steuerwettbewerb die Politik zähmen?

Theresa Goop

Relevanz

Die Schweiz kennt zwei Institutionen, welche die Finanzpolitik prägen, nämlich fiskalischer Wettbewerb und direkte Demokratie. Es gibt jedoch große Unterschiede innerhalb der Schweiz. Viele Gemeinden entscheiden direkt-demokratisch mit regelmäßigen Referenden über Steuern und Ausgaben, andere nicht. Zudem ist der Steuerwettbewerb unter den Gemeinden von Kanton zu Kanton unterschiedlich intensiv. Wie wirkt sich eine unterschiedliche Intensität des innerkantonalen Fiskalwettbewerbs auf die Finanzpolitik der Gemeinden aus? Welchen Einfluss hat eine direkt-demokratische Verfassung auf die Finanzpolitik der Gemeinden im Steuerwettbewerb? Kann der Steuerwettbewerb einen Mangel an direkt-demokratischer Kontrolle ausgleichen und die Politik zähmen?

Christian Keuschnigg

Quelle

Der nachfolgende Text ist eine Zusammenfassung von: Brülhart, Marius und Mario Jametti (2016), Does Tax Competition Tame the Leviathan? University of Lausanne und University della Svizzera Italiana.

T. Goop (✉)
Universität St. Gallen, St. Gallen, Schweiz
E-Mail: theresa.goop@student.unisg.ch

© Der/die Autor(en) 2018

C. Keuschnigg (Hrsg.), *Inklusives Wachstum und wirtschaftliche Sicherheit*,
https://doi.org/10.1007/978-3-658-21344-2_2

25

In föderalen Staaten entscheiden Gemeinden und Länder weitgehend autonom über ihre Aufgaben, und über die dazu notwendigen Steuereinnahmen. Sie stehen im Wettbewerb. Die Schweiz ist ein Paradebeispiel dafür. Die Bürgerinnen und Bürger sehen sich die öffentlichen Leistungen und die Steuerbelastung an und drücken mit „Händen und Füssen" Zustimmung oder Ablehnung aus. Die Hände stehen für direkte Abstimmungen über Ausgabenprojekte und Steuerbelastung. Die Füße stehen für Zu- und Abwanderung. Die Wähler wandern ab, wenn die Unzufriedenheit allzu groß wird und es anderswo besser ist. Auf beiden Wegen nehmen sie Einfluss auf die Politik, damit diese sich stärker an den Bedürfnissen der Familien und Unternehmen orientiert, anstatt sich zu verselbständigen und Eigeninteressen zu bedienen.

Die Schweiz kennt drei Staatsebenen, nämlich Bund, Kantone und Gemeinden. Zwischen Gemeinden und Kantonen herrscht Fiskalwettbewerb. Aber auch der Bund steht in Konkurrenz mit Kantonen und Gemeinden, weil er auf die gleichen Steuerquellen zugreift. Wovon hängt die Schärfe des Ausgaben- und Steuerwettbewerbs ab? Welchen Einfluss hat die direkte Demokratie auf den Fiskalwettbewerb? Führt der Fiskalwettbewerb zu besseren oder schlechteren Politikergebnissen und wird er daher die Wohlfahrt der Bewohner mehren oder mindern? Diesen Fragen untersuchen Brülhart und Jametti für die Schweizerischen Gemeinden.

Sind Steuerbelastung und Ausgaben zu hoch oder zu niedrig? Das hängt von der politischen Verfassung als auch von der Intensität des Steuerwettbewerbs ab. Die Forscher betonen, dass der fiskalische Wettbewerb die lokale Finanzpolitik auf zweifache und gegenläufige Weise beeinflusst. Zunächst wirkt der horizontale Steuerwettbewerb der Gemeinden untereinander steuersenkend. Reduziert eine Gemeinde ihren Steuersatz, dann kann sie damit Steuerzahler von anderen Gemeinden anlocken. Sie kann also bei ihren Bürgern mit niedriger Steuerbelastung punkten, ohne dass sie sehr stark auf Einnahmen verzichten muss. Sie berücksichtigt dabei nicht die Kosten für die anderen Gemeinden, denen damit wichtige Steuerzahler verloren gehen. In der Konkurrenz um zahlungskräftige Steuerzahler unterbieten sich die Gemeinden gegenseitig.

Dem steht ein steuererhöhender, vertikaler Effekt gegenüber. Kantone und Bund nutzen dieselbe Steuerbasis wie die Gemeinden. Dies führt zur Übernutzung der Steuerbasis. Die Steuererhöhung einer Gemeinde verschärft die leistungshemmenden Wirkungen der Steuern und beeinträchtigt damit die Steuerergiebigkeit bei den Kantonen und dem Bund. Da die Gemeinden diese negativen Folgen wohl kaum beachten, übernutzen sie ihre Steuerquellen. Je nachdem, ob der horizontale oder vertikale Effekt überwiegt, wirkt sich ein intensiverer Fiskalwettbewerb positiv oder negativ auf die Steuereinnahmen, Ausgaben und die Wohlfahrt der Einwohner aus.

Brülhart und Jametti interessieren sich für den Einfluss direkt-demokratischer Beteiligung auf die Intensität des Steuerwettbewerbs. Wenn das Stimmvolk über die Höhe der lokalen Besteuerung und Ausgaben selbst entscheiden kann, ist am ehesten garantiert, dass die lokale Finanzpolitik im Sinne der Einwohner ist. Direkte Abstimmungen lassen der Politik weniger Spielraum. Ohne diese Kontrolle fällt es dagegen leichter, die Eigeninteressen durch Mehrausgaben im Hinblick auf Prestige und Macht bis hin zu persönlichen wirtschaftlichen Vorteilen zu bedienen. Wenn also die politische Verfassung auf direkt-demokratische Instrumente verzichtet und die Entscheidungen per Wahlen auf längere Zeit an die Politik delegiert, können ausgabensteigernde Tendenzen Überhand nehmen. Der Staat wird zum „Leviathan", der vorwiegend hohe Steuereinnahmen auf Kosten der eigentlichen Interessen der Bürger im Sinn hat. Dann stellt sich die Frage: Kann der Steuerwettbewerb disziplinierend wirken und die Politik zähmen?

Die Forscher analysieren für die Periode von 1990 bis 2009 insgesamt 362 Schweizer Gemeinden, welche über 22 Kantone verteilt sind. Ihre Daten erfassen 48 % der Schweizer Bevölkerung. Je nach Wohnort zahlen die Familien unterschiedlich hohe Einkommensteuer an die Gemeinde. Ein repräsentatives Paar mit zwei Kindern und einem jährlichen Einkommen von 80.000 Franken zahlt im Durchschnitt 3,73 % Gemeindesteuer auf ihr Einkommen. In der Gemeinde Baar im Kanton Zug ist der Steuersatz mit 0,37 % schweizweit am tiefsten, während die Einwohner der Gemeinde Menznau im Kanton Luzern mit 8,66 % die höchste Rate zahlen.

▶ 71 % der untersuchten Gemeinden setzen die Steuern direkt-demokratisch via Gemeindeversammlung. In weiteren 11 % der Gemeinden unterliegen Steuerentscheide dem obligatorischen Referendum.
Dagegen ist in 13 % lediglich ein fakultatives oder gar kein Referendum möglich.

Nach der politischen Verfassung unterscheiden die Wissenschaftler drei Gruppen von Gemeinden. Die Gemeindeversammlung, bei der die Wähler per Handheben abstimmen, ist in 256 der beobachteten Gemeinden üblich. Diese haben den höchsten Grad an direkter Demokratie. In 41 Gemeinden unterliegen Steuerentscheide sogar dem obligatorischen Referendum durch das Volk. Letztlich gibt es 49 Gemeinden, in welchen nur eine fakultative oder gar keine Möglichkeit für ein Referendum besteht, so dass der direkte Einfluss der Wähler geringer ist. Dieses System lässt den grössten Spielraum für ausgabensteigernde Tendenzen. Das politische System in der Schweiz ist sehr beständig. Nur 4,4 % der Gemeinden (16 an der Zahl) haben im Beobachtungszeitraum von 19 Jahren den Grad der direkt-demokratischen Beteiligung geändert.

Das Interesse der Wissenschaftler gilt vor allem der Frage, ob sich der Steuerwettbewerb unter den Gemeinden je nach Kanton unterscheidet. Zunächst stellen sie das übliche strategische Verhalten in der lokalen Finanzpolitik fest. Eine Gemeinde zieht z. B. mit einer eigenen Steuererhöhung nach, wenn die umliegenden Gemeinden ihre Steuersätze erhöhen (horizontale Reaktion), oder wenn der Kanton seinen Steuersatz erhöht (vertikale Reaktion). Ihre Ergebnisse lassen zudem den Schluss zu, dass der vertikale, steuererhöhende Teil des Steuerwettbewerbs unter den Gemeinden tendenziell überwiegt. Es gibt also offensichtlich keinen ruinösen Steuerwettbewerb nach unten. Wenn also in einem Kanton ein besonders intensiver Steuerwettbewerb herrscht, fallen die Gemeindesteuersätze tendenziell höher aus.

Die Forscher messen die Intensität des Wettbewerbs an der Kleinteiligkeit eines Kantons. Im Extremfall, dass ein Kanton nur aus dem Kantonshauptort besteht, gäbe es innerhalb des Kantons weder einen vertikalen noch einen horizontalen Steuerwettbewerb. In Appenzell-Innerrhoden z. B. wohnen 63 % der Bevölkerung im Kantonshauptort, so dass der Steuerwettbewerb nur schwach ausgeprägt ist. In einem kleinräumigen Kanton dagegen verteilt sich die Bevölkerung auf viele kleine Gemeinden, die untereinander in einem besonders lebhaften Steuerwettbewerb stehen. Nach den ökonometrischen Schätzungen wirkt der Steuerwettbewerb unter den Gemeinden (aber nicht unbedingt zwischen den Kantonen) steuererhöhend. Was heisst das für eine repräsentative Familie, die im Durchschnitt der Schweiz 3,73 % Einkommensteuer an die Gemeinde zahlt? Würde sie in einen kleinteiligeren Kanton umziehen, wo eine typische Gemeinde um 1 % weniger Einwohner hat und der Steuerwettbewerb intensiver ist, dann würde die Steuerbelastung um ca. 1,5 Prozentpunkte steigen. Die 1 %-Differenz in der Einwohnerzahl entspricht durchschnittlich 99 Einwohnern, und der Anstieg um 1,5 Prozentpunkte entspricht 40,9 % des schweizweiten Durchschnittssatzes von 3,73 %. Da die Einkommensteuer für drei Viertel der Kantons- und Gemeindeeinnahmen verantwortlich ist, haben solche Steuersatzänderungen starke Auswirkungen auf die Steuereinnahmen.

▶   Zieht eine Familie in einen kleinteiligeren Kanton mit um 99 Einwohner kleineren Gemeinden und intensiverem Steuerwettbewerb um,
    bezahlt sie einen um 1,5 Prozentpunkte höheren Steuersatz auf ihr
    Einkommen an die neue Wohngemeinde.

Die Forscher fragen nach dem Einfluss der direkten Demokratie auf die Finanzpolitik im Steuerwettbewerb. Sie unterscheiden die Gemeinden danach, ob sie einer direkt-demokratischen Kontrolle mittels fakultativer oder sogar obligatorischer

Referenden über Steuern und Ausgaben unterliegen oder nicht. In einem System ohne Referenden delegieren die Wähler die Entscheidungen bis zur nächsten Wahl, so dass die Rückkoppelung an die Wählerinteressen weniger häufig, die Autonomie der Gemeindeleitungen höher, und die ausgabensteigernden Tendenzen stärker sind. Die Daten zeigen, dass die politische Verfassung einen starken Einfluss auf die kommunale Finanzpolitik hat. Wechselt eine mittelgrosse Gemeinde vom direkt-demokratischen Modell zur repräsentativen Demokratie mit delegierten Entscheidungen, dann steigt die Steuerbelastung um 3 %. Im Kanton mit der geringsten Kleinteiligkeit, wo der innerkantonale Steuerwettbewerb nur schwach ausgeprägt ist, wächst der Unterschied in der Steuerbelastung auf 26 % an (der Gemeindesteuersatz steigt z. B. von 3,7 auf 4,7 %). Ein intensiverer Steuerwettbewerb kann also die ausgabensteigernden Tendenzen in Gemeinden ohne direkt-demokratische Kontrolle begrenzen und damit „die Politik zähmen".

▶ Wenn die Wähler in der Gemeinde selbst über die Höhe ihrer Einkommensteuer entscheiden, dann zahlen sie um 3 % tiefere Steuern als in Gemeinden mit nicht direkt-demokratischer Verfassung. Dieser Unterschied beträgt 26 % in Kantonen mit schwachem Steuerwettbewerb zwischen wenigen, aber großen Gemeinden.

Die Abb. 1 veranschaulicht den disziplinierenden Einfluss des Steuerwettbewerbs auf die Finanzpolitik von Gemeinden ohne direkt-demokratische Kontrolle. Die horizontale Achse zeigt eine ansteigende Kleinteiligkeit der Kantone mit kleineren Gemeindegrössen und zunehmend intensivem Steuerwettbewerb an. Vertikal ist in Abhängigkeit von der Wettbewerbsintensität der Unterschied in den gewählten Steuersätzen zwischen direkt-demokratischen Gemeinden (ansteigende durchgezogene Linien) und Gemeinden ohne direkt-demokratische Kontrolle (fallende, gestrichelte Lilien) aufgetragen. Die blauen Linien vergleichen die Gemeinden mit und ohne Referendum, und die roten jene mit und ohne Versammlung. Wenn der Steuerwettbewerb in einem Kanton mit wenigen grossen Gemeinden besonders schwach ausgeprägt ist, dann können dort die Gemeinden ohne direkt-demokratische Kontrolle deutlich höhere Steuersätze durchsetzen. Ist der Steuerwettbewerb intensiv, weil viele kleine Gemeinden um die Steuerzahler im Kanton konkurrieren, dann verschwindet der Unterschied zunehmend. Der Steuerwettbewerb wirkt disziplinierend und kann den Mangel an direkt-demokratischer Kontrolle kompensieren.

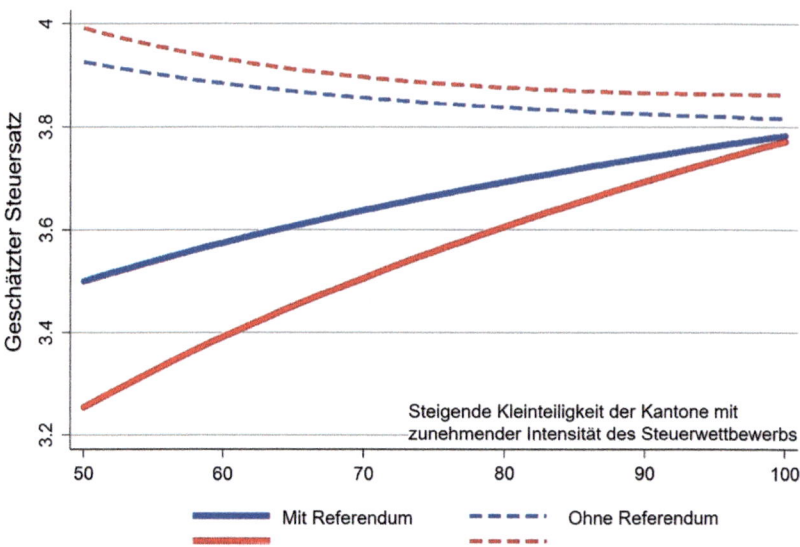

Abb. 1 Unterschiede in Gemeindesteuersätzen je nach politischem System. (Quelle: Brül-hart und Jametti, 2016, 30)

Spenden für gemeinnützige Zwecke

Pascale Bourquin

Relevanz

Der Staat verwirklicht die gemeinsamen Anliegen der Bürgerinnen und Bürger und erhebt Steuern, um sich zu finanzieren. Der Steuerzahler bleibt einer unter Tausenden. Weder kann er die Höhe der Steuerschuld selbst bestimmen noch kann er sich aussuchen, wofür genau das eigene Geld eingesetzt wird. In Zeiten knapper öffentlicher Budgets ist meist für viele gemeinnütze Zwecke, die vielen Bürgern wichtig sind, nicht genug Geld da. Wie können der Staat und gemeinnützige Organisationen jenseits von Steuern die Bürger für freiwillige Beiträge zur Verwirklichung gemeinnütziger Projekte gewinnen? Was treibt das Spendenverhalten und wie kann mehr Spendenaufkommen erzielt werden? Verdrängen öffentliche Ausgaben die private Spendentätigkeit?

Christian Keuschnigg

Quelle

Der nachfolgende Text ist eine Zusammenfassung von: Andreoni, James und A. Abigail Payne (2013), Charitable Giving, Handbook of Public Economics Vol. 5, 1–50.

Private Spenden helfen, gemeinnützige Zwecke zu verwirklichen. In den U.S.A. beträgt das Spendenvolumen fast 1,7 % des BIPs, in Deutschland dagegen nur

P. Bourquin (✉)
Universität St. Gallen, St. Gallen, Schweiz
E-Mail: p.bourquin@bluewin.ch

© Der/die Autor(en) 2018
C. Keuschnigg (Hrsg.), *Inklusives Wachstum und wirtschaftliche Sicherheit*,
https://doi.org/10.1007/978-3-658-21344-2_3

0,2 % und in Frankreich gar nur 0,14 %. Das Spendenverhalten folgt dabei sehr unterschiedlichen Motivationen und kann abhängig davon auf verschiedene Art und Weise beeinflusst werden. Ein rein altruistisch motivierter Spender ist vorwiegend am Wohlergehen anderer Menschen interessiert und stellt nicht primär die eigene Person in den Vordergrund. Ihn kümmert nur das gemeinnützige Endresultat seiner Spende. Eine zweite Motivation liegt darin, dass Individuen aus Spenden eine innere Zufriedenheit aus der Freude am Geben ableiten, unabhängig davon, welchen Nutzen die Spende beim Empfänger stiftet. Mit solchen selbstbezogenen Präferenzen ziehen die Individuen Nutzen aus dem Akt des Gebens und Helfens und aus der damit verbundenen Anerkennung und dem sozialen Prestige.

Keiner dieser Ansätze kann alle wichtigen empirischen Beobachtungen und Aspekte des gemeinnützigen Spendens allein erklären. In einem Feldexperiment erachteten es nur 40 % der Untersuchten als lohnenswert, einen kleinen Anteil ihres Geldes für den Erwerb von Information über die Produktivität der einzelnen gemeinnützigen Organisationen einzusetzen. Die Teilnehmer des Experiments zogen es vor, ihre Spendenentscheidung ohne diese Informationen zu treffen, obwohl eine weitere Informationsbeschaffung rational gewesen wäre. Unter ökonomischen Gesichtspunkten könnte man bezüglich der Auswahl der Spendenempfänger erwarten, dass Individuen ihre Mittel nur den produktivsten der wohltätigen Vereinigungen zur Verfügung stellen. In der Realität aber verteilen viele Spender ihr Geld auf eine Vielzahl von gemeinnützigen Organisationen. Wenn der zusätzliche Nutzen, welcher mit einer weiteren Geldeinheit für eine gemeinnützige Organisation realisiert wird, mit dem zugewiesenen Betrag fällt, dann werden Individuen mit Freude am Geben ihr gesamtes gespendetes Vermögen lieber auf mehrere Empfänger aufteilen anstatt es auf eine einzige Organisation zu konzentrieren.

Der tatsächliche Erfolg einer gemeinnützigen Organisation hängt ab vom Gesamtbetrag der erhaltenen Spenden, von der Strategie, mit der eine Organisation die Gelder verwendet, sowie von ihrer Produktivität bei der Ressourcenverwendung. Mit dem Erfolg der Organisation ist auch das Prestige des Spenders einem Risiko ausgesetzt. Die Risikoscheu der Spender schafft daher einen ähnlichen Anreiz zur Verteilung der Spenden auf mehrere Empfänger. Risikoaverse Spender bevorzugen es, ein ganzes Portfolio an gemeinnützigen Investitionen zu tätigen und ihre Spenden zu diversifizieren. Diversifikation ermöglicht es ihnen, das Risiko aus dem zufälligen Erfolg einer einzelnen gemeinnützigen Organisation zu vermeiden.

▶ Die Spender sammeln wenige Informationen über die Empfänger und verteilen ihre Spenden gerne über eine Mehrzahl von Projekten.

Die Kosten des Spendens und folglich auch die relevanten Steueranreize beein-flussen das Spendenvolumen. Der Großteil der empirischen Studien schätzt, dass die absolute Preiselastizität des Spendens etwas mehr als eins beträgt. Das bedeu-tet, dass eine steuerliche Abzugsfähigkeit von Spenden, welche den Nettopreis für Spender um 1 % verringert, im Durchschnitt die Spenden, die eine berech-tigte Organisation erhält, um mindestens 1 % erhöht. Bei der Bereitstellung von gemeinnützigen Gütern und Dienstleistungen sind in diesem Fall Steuersubven-tionen effizienter als ein direktes staatliches Angebot. Wenn die Regierung z. B. die Ressourcen für Krebsforschung um 100 € erhöhen möchte, könnte sie dies direkt mit Staatsausgaben finanzieren und müsste zusätzlich 100 € an Steuerein-nahmen generieren. Wenn dagegen der Staat die Spenden an förderungswürdige Forschungsinstitute steuerlich absetzbar macht und eine reiche Person mit einem Grenzsteuersatz von 50 % 100 € spenden würde, dann würde ein Steuerausfall von 50 € folgen und der Staat müsste lediglich 50 € an neuen Steuereinnahmen beschaffen. Das private Engagement ermöglicht es, dass der Staat das gleiche Ziel mit der Hälfte der Kosten für den Steuerzahler erreichen könnte.

Anreize können in unterschiedlichen Formen gesetzt werden und werden daher möglicherweise von Individuen unterschiedlich wahrgenommen. Eine direkte Subvention in Form einer Aufstockung privater Spenden, bei der eine individuelle Spende durch einen Zuschuss von einer Drittperson, Institution oder dem Staat erhöht wird, ist ökonomisch äquivalent zu einer Steuersubvention, bei der ein Teil der Spenden mittels steuerlicher Abzugsfähigkeit zurückerstat-tet wird. Ein Individuum sollte also auf diese beiden Subventionsarten identisch reagieren. Empirische Belege zeigen aber, dass Spendenzuschüsse 1,2 bis 2 Mal mehr Beiträge erzeugen können als Steuerbegünstigungen. Es existiert ein so genannter „Framing-Effekt". Menschen legen ein unterschiedliches Verhalten an den Tag, je nachdem, ob sie das Gefühl haben, zu den öffentlichen Ausgaben für gemeinnützige Zwecke aktiv beizutragen oder dem Staat Steuergeld zu ent-ziehen. Steuerabzüge durch Spendenzuschüsse zu ersetzen hat also das Potenzial, das gesamte Spendenvolumen an gemeinnützige Organisationen zu steigern. Die anteilige Subvention von privaten Spenden schafft darüber hinaus eine koope-rative Haltung, indem sie Individuen das Gefühl gibt, dass auch andere zum gemeinnützigen Zweck beitragen.

▶   Steuerliche Abzugsfähigkeit senkt die privaten Kosten von Spenden. Sinken die Kosten um 1 %, dann steigt das Spendenaufkommen um mehr als 1 %. Anteilige Zuschüsse zu privaten Spenden erhöhen das Spendenaufkommen mehr als gleich hohe Steuerabzüge.

Die Akteure auf dem Markt für Spenden sind die Spender, welche Geld zur Verfügung stellen, gemeinnützige Organisationen, welche die Mittel nachfragen, die Regierung, die Staatsaufgaben zu erfüllen hat, und Stiftungen, welche als Vermittler agieren. Typischerweise werden Marktteilnehmer auf das Verhalten der anderen Akteure strategisch reagieren. Wenn Individuen rein altruistisch veranlagt wären, müssten staatliche Fördergelder private Spenden eins zu eins verdrängen. Altruistisch motivierte Menschen interessieren sich nur für das Endresultat der Beträge, die sie einer gemeinnützigen Organisation spenden, und dieses Endresultat hängt nur von den gesamten Einnahmen der Organisation ab, und nicht davon, wie sich die Einnahmen auf Spenden und staatliche Fördergelder aufteilen. Im Gegensatz dazu hätten staatliche Fördergelder keinen Einfluss auf private Spenden, wenn Individuen nach selbstbezogenen Präferenzen handeln und nur durch Prestige, soziale Anerkennung und Freude am Geben zum Spenden motiviert würden. Empirische Studien zeigen, dass jeder Dollar staatlicher Fördergelder in einer Reduktion der privaten Spenden von 50 Cents resultiert. Diese Resultate deuten weder auf rein selbstbezogene noch rein altruistische Präferenzen hin und zeigen, dass Individuen ihre Spenden strategisch an die Aktionen der anderen Marktteilnehmer anpassen.

Ein weiterer interessanter Zusammenhang besteht zwischen staatlichen Fördergeldern und gemeinnützigen Fundraising Aktivitäten. Nach empirischen Schätzungen führt eine Erhöhung von öffentlichen Fördergeldern um $ 1000 zu einem Rückgang der Fundraising Ausgaben um $ 137, was wiederum einen Rückgang der Spenden um $ 772 auslöst. Generell führt eine Mehrausgabe für Fundraising von $ 1 zu einer marginalen Steigerung von Spenden um ca. $ 5. Aus dieser Erkenntnis lässt sich ableiten, dass gemeinnützige Organisationen keine Maximierung ihrer Erträge anstreben. Denn wenn sie dies tun würden, müssten sie ihre Fundraising Aktivitäten so lange ausweiten, bis ein zusätzlicher Dollar für Fundraising das Spendenaufkommen um gerade $ 1 steigert. Eine Erklärung für die tatsächliche Zurückhaltung bei Fundraising Ausgaben könnte sein, dass die Manager von Non-Profit-Organisationen nicht genügende Anreize haben, die Erträge zu maximieren, da sie nicht persönlich an den zusätzlich resultierenden Profiten der Organisation beteiligt sind. Fundraising könnte auch als „notwendiges Übel" angesehen werden, da gemeinnützige Organisationen mit einer aggressiven Ausweitung ihrer Fundraising Aktivitäten oft an Ansehen einbüßen. Im Durchschnitt investiert eine gemeinnützige Organisation zwischen 5 % und 25 % der erhaltenen Spenden in weiteres Fundraising. Die Abneigung der Organisationen als auch der Spender gegenüber Fundraising wirft die Frage auf, ob Fundraising sozial optimal oder verschwenderisch und ineffizient ist.

▶   Ein Euro mehr an öffentlichen Ausgaben für einen gemeinnützigen
      Zweck reduziert das Spendenaufkommen um 50 Cents. Ein Euro mehr
      an direkter staatlicher Finanzierung einer gemeinnützigen Organisa-
      tion mindert ihr Fundraising-Ergebnis um 77 Cents.

Es wäre zu eng gedacht, gemeinnütziges Spenden nur als Ergebnis eines Markt-
prozesses zu verstehen, wo sich Nachfrage und Angebot treffen. Die Marktdi-
mension blendet wichtige Aspekte aus, welche über die Ökonomie hinausgehen
und bis zu den Bereichen der Ethik, Soziologie und Psychologie reichen. Neben
strategischen sollte man auch soziale Interaktionen berücksichtigen. Die Kraft
des Werbens, Bittens und der Kommunikation sollte bei gemeinnützigen Spenden nicht unterschätzt werden. Empirische Belege zeigen, dass Menschen nicht
nur um Fairness bemüht sind, sondern sich eher soziale Anerkennung und eine
altruistische Wahrnehmung durch ihre Mitmenschen wünschen. Die Wahrscheinlichkeit einer Spende steigt um 2,2 Prozentpunkte relativ zu einer Basis-
wahrscheinlichkeit von 26 %, wenn der potenzielle Spender von einer ihm
nahestehenden oder gleichgesinnten Person angeworben wird. Falls die werbende
Person mit dem potenziellen Spender auch gemeinsame Eigenschaften teilt wie
z. B. Herkunft, Sportinteressen oder akademische Qualifikation, dann steigt die
Wahrscheinlichkeit einer Spende um weitere 2,6 Prozentpunkte. Beim Lobbying
für gemeinnützige Organisationen sollte man also Gruppenzugehörigkeit und
sozioökonomische Faktoren miteinbeziehen.

Wer trägt die Unternehmenssteuern?

Simon Helmig

Relevanz
Die Schlauheit der Steuerzahler kennt keine Grenzen, wenn die Belastung allzu groß wird. Sie wollen die Rechnung am liebsten anderen überlassen und weichen den Steuern aus. Je höher die Gewinnsteuern sind, desto weniger investieren die Unternehmen, und desto öfter verlagern sie den Standort. Weniger Investitionen in der Heimat mindern die Löhne der Arbeitenden und die Erträge der Immobilienbesitzer, die nicht ausweichen können. So müssen auch sie einen Teil der Rechnung zahlen. Das schafft zwei Probleme. Hohe Steuern bremsen das Wachstum und mindern die Einkommen aller, der Arbeitenden und der Eigentümer. Wenn die Besteuerten ausweichen und die Steuer auf andere überwälzen, sind die Verteilungsabsichten gefährdet. Es bleiben zwei Einsichten: Die Besteuerung hat im wachsenden Steuerwiderstand ihre Grenzen, und die Verteilungspolitik muss das Endergebnis nach allen Anpassungsvorgängen im Blick haben.
Christian Keuschnigg und Michael Kogler

Quelle
Der nachfolgende Text ist eine Zusammenfassung von: Suárez Serrato, Juan Carlos und Owen Zidar (2016), Who Benefits from State Corporate Tax Cuts? A Local Labor Markets Approach with Heterogeneous Firms, American Economic Review 106(9), 2582–2624.

S. Helmig (✉)
Universität St. Gallen, St. Gallen, Schweiz
E-Mail: simon.helmig@student.unisg.ch

Viele Länder haben die Steuern auf Unternehmensgewinne teilweise sehr deutlich abgesenkt. Wer profitiert davon? Wer trägt tatsächlich die Gewinnsteuern? Für einen Ökonomen ist die Antwort bei weitem nicht eindeutig. So viel ist sicher: Wenn der Staat stärker zulangt, bleibt weniger für die anderen übrig. Zwar können die Unternehmen die Dividenden kürzen. Dann tragen die Eigentümer die Steuerbelastung. Genauso gut können die Firmen die Rechnung an die Kunden weiterreichen, indem sie höhere Absatzpreise verlangen, oder an die Lieferanten, indem sie die Einkaufspreise drücken. Wenn es weniger zu verteilen gibt, werden schlussendlich auch die Löhne knapper ausfallen müssen. Die Unternehmen und ihre Eigentümer können die Steuerbelastung auf vielen Wegen überwälzen. Wer in diesem Spiel gute Alternativen hat und am ehesten ausweichen kann, ist am wenigsten betroffen. Wer keine Alternative hat und nicht ausweichen kann, bei dem bleibt die Rechnung liegen.

Die empirische Forschung zeigt, dass Unternehmenssteuern Investitionen hemmen und eine Abwanderung der Firmen in steuerlich attraktivere Regionen auslöst. Wird weniger investiert, dann sinken die Arbeitsproduktivität und in der Folge die Löhne. Gewinnsteuern werden auf die Arbeitenden überwälzt. Es gibt bisher aber nur wenig empirische Evidenz, wie viel von den Gewinnsteuern tatsächlich bei den Arbeitenden liegen bleibt. Dieser Frage gehen Suárez Serrato und Zidar in einer Analyse zur Unternehmensbesteuerung in den USA nach (Corporate State Tax), deren Höhe in den einzelnen Bundesstaaten erheblich schwankt. Sie schätzen, welche Auswirkungen Steuersenkungen auf die lokale Wirtschaft haben und wer tatsächlich davon profitiert.

Die Forscher konzentrieren sich in ihrer Analyse auf die drei wichtigsten Anspruchsgruppen, nämlich Eigentümer, Arbeitnehmer, und Immobilienbesitzer. Eine Steuersenkung kann diesen Gruppen auf verschiedenen Wegen nützen. Sie verringert zunächst die Steuerbelastung lokaler Unternehmen, fördert Investitionen und begünstigt die Eigentümer. Eine attraktive Besteuerung lockt weitere Firmen von außerhalb an. Die zusätzlichen Investitionen vor Ort steigern auch die Arbeitsnachfrage und führen zu höheren Löhnen. So profitieren die Arbeitnehmer. Höhere Löhne und bessere Beschäftigungschancen ziehen Zuwanderung von anderen Regionen an. Die Verknappung des Wohnraums in einer dynamischen wachsenden Region lässt die Mieten und Immobilienpreise steigen. So profitieren die Grund- und Immobilienbesitzer. Eine Senkung der Gewinnsteuern begünstigt daher nicht nur die Unternehmer und Eigentümer, sondern auch die Arbeitnehmer und Immobilienbesitzer. Allein die Frage ist: wie viel?

Neben Steuern berücksichtigen die Forscher auch eine Reihe von anderen Standortfaktoren wie z. B. Unterschiede in der lokalen Infrastruktur oder die Vorteile von Zentrumsregionen. Das führt dazu, dass die Produktivität von Unternehmen in manchen Regionen trotz Steuernachteile höher sein kann als in anderen, und reduziert den Einfluss der Besteuerung auf die Standortwahl. Die Unternehmen können der Steuer weniger ausweichen, wenn sie aus anderen Gründen an den Standort gebunden sind. Rund 11 % aller U.S. Unternehmen befinden sich in Kalifornien mit wichtigen Zentren wie das Silicon Valley, wo der Steuersatz mit 10 % überdurchschnittlich hoch ist, während der benachbarte Bundesstaat Nevada überhaupt keine Unternehmenssteuern erhebt und dennoch nur wenige Firmen anzuziehen vermag im Vergleich zu Kalifornien. Umso stärker die anderen Faktoren für einen Standort sprechen, umso weniger können und wollen die Unternehmen der Steuer ausweichen, und umso eher bleibt sie auf ihren Eigentümern liegen. Die Überwälzung auf Arbeitnehmer und Immobilienbesitzer wird damit etwas geringer.

▶   Eine Senkung der lokalen Gewinnsteuerbelastung um 1 % erhöht die
     Zahl von lokalen Unternehmen während 10 Jahren um rund 3 bis 4 %.

Die Forscher analysieren Daten von 1980 bis 2012 zu Steuern und wirtschaftlichen Aktivitäten in 490 U.S. Bezirken (Counties), um den Effekt von Änderungen der Gewinnsteuerbelastung auf das Wachstum von Betrieben, Löhnen, und Mietkosten zu schätzen. Dazu berechnen sie einen durchschnittlichen Steuersatz für jeden Staat und berücksichtigen lokale Steuerregelungen. Ihre Schätzungen zeigen, dass eine dauerhafte Senkung der lokalen Gewinnsteuerbelastung um 1 % nach 10 Jahren zu einer statistisch signifikanten Steigerung von 3 bis 4 % in der Zahl der lokalen Betriebe führt. Abb. 1 veranschaulicht den langsamen Zuwachs der Unternehmen. Um den Effekt einer Steueränderung zu isolieren, rechnen sie den Einfluss konjunktureller Schwankungen heraus. Zudem schätzen sie, wie sich Steueränderungen in anderen Bundesstaaten und Bezirken auf das lokale Unternehmenswachstum auswirken. Sie stellen einen symmetrischen Effekt fest, sodass eine Steuersenkung von 1 % in einem benachbarten Bezirk das lokale Unternehmenswachstum über die nächsten 10 Jahre um ca. 3 bis 4 % fallen lässt.

Je mehr die Unternehmen auf andere Regionen ausweichen können, desto eher bleibt die Steuerbelastung auf den Arbeitenden und Immobilienbesitzern liegen. Mit ihren Schätzungen zur Standortwahl können die Forscher berechnen, welche der drei Anspruchsgruppen die Steuerlast tatsächlich trägt und wer daher von Steuersenkungen profitiert. Das Ergebnis ist, dass die Unternehmenssteuer zu rund 40 % von den Eigentümern, zu 30–35 % von den Arbeitenden und zu 25–30 % von den Immobilienbesitzern getragen wird. Nach traditionellem ökonomischem Verständnis hätte man erwartet, dass aufgrund hoher Mobilität der Firmen die Steuer wesentlich stärker auf die Arbeitnehmer überwälzt wird. Es gibt aber andere Standortvorteile, mit denen eine Region den Unternehmen eine

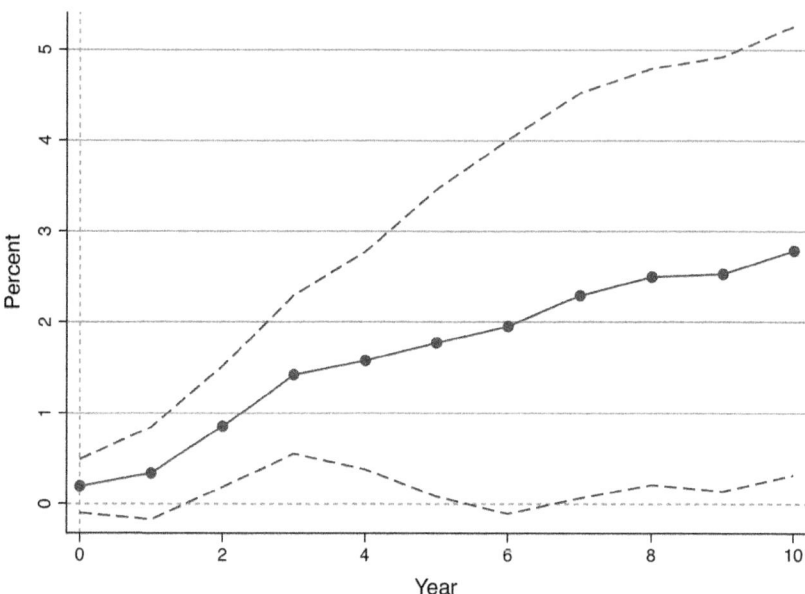

Abb. 1 Kumulatives Wachstum der Anzahl Betriebe nach einer Senkung der Steuerbelastung von Unternehmen um 1 % (mit 90 % Konfidenzintervall). (Quelle: Suárez Serrato & Zidar, 2016, 2609)

höhere Produktivität und Rentabilität ermöglichen und diese an sich binden kann. Deshalb ist der Unternehmenssteuersatz bei der Standortwahl nicht allein ausschlaggebend. Wenn die Produktivität besser ist, halten Unternehmen an solchen Standorten trotz höherer Steuerbelastung fest, wie auch das Beispiel Kalifornien zeigt. Dies führt dazu, dass die Firmen die Unternehmenssteuer nicht vollständig auf die Arbeitenden und auf die Immobilienbesitzer überwälzen können, sondern einen erheblichen Teil selbst tragen müssen.

▶   Die Last der Unternehmenssteuer wird zu 40 % von den Eigentümern, zu 30–35 % von Immobilienbesitzern und zu 25–30 % von Arbeitnehmern getragen.

Zum Schluss untersuchen die Forscher, was ihre Ergebnisse für die Steuereinnahmen bedeuten. Je mehr die Unternehmen bei einer höheren Steuerbelastung in andere Regionen ausweichen oder ihre Investitionen zurückschrauben, desto weniger ergiebig ist die Gewinnsteuer. Berücksichtigt man nur das Aufkommen der Gewinnsteuer, sind die Einnahmen bei einem Steuersatz von 32 % am höchsten. Dies ist deutlich höher als der durchschnittliche Steuersatz der Bundesstaaten, welcher 2010 bei 7 % lag. Wenn aber die Steuer auf andere Gruppen wie Arbeitnehmer oder Immobilienbesitzer überwälzt wird, sinken deren Einkommen und Steuerleistungen, die man nicht im Gewinnsteueraufkommen sieht. Deshalb ist die Auswirkung einer Steuer auf das gesamte Budget zu betrachten. Höhere Gewinnsteuern führen auch zu Abwanderung von Arbeitnehmern, wenn die Unternehmen ihre Investitionen zurückschrauben und weniger Jobs bieten, was die Einnahmen aus Einkommens- und Umsatzsteuer verringert. Unter Berücksichtigung dieser Faktoren berechnen die Forscher den Gewinnsteuersatz, bei dem der lokale Steuerertrag am größten ist, mit rund 7 %. Das entspricht in etwa dem beobachteten durchschnittlichen Steuersatz in den U.S. Bundesstaaten.

Patente, Gewinnverschiebung und Steuervermeidung

Philine Widmer

Relevanz

Innovationen treiben die Unternehmensentwicklung. Der größte Teil der F&E-Aufwendungen wird in multinationalen Unternehmen mit vielen Standorten getätigt. Diese haben steuersparende Möglichkeiten, den F&E-Aufwand in Ländern mit hoher Steuerbelastung zu tätigen, aber die Patente an Standorte in Niedrigsteuerländern zu übertragen, um dort die Patenterträge gering zu versteuern. Diese steuermindernde Gewinnverschiebung bringt die Hochsteuerländer unter Druck und schafft Probleme in der steuerlichen Wettbewerbsneutralität zwischen nationalen KMUs und großen Multis. Um steuerliche Innovationsförderung z. B. im Rahmen von Patentboxen mit einem fairen Steuerwettbewerb zu vereinbaren, könnte eine begünstigte Besteuerung von Patenterträgen nur dann erlaubt sein, wenn auch der steuermindernde F&E-Aufwand im selben Land stattfindet.

Christian Keuschnigg

Quelle

Der nachfolgende Text ist eine Zusammenfassung von: Karkinsky, Tom und Nadine Riedel (2012), Corporate Taxation and the Location of Patents within Multinational Firms, Journal of International Economics 88, 176–185.

P. Widmer (✉)
Universität St. Gallen, St. Gallen, Schweiz
E-Mail: philine.widmer@unisg.ch

© Der/die Autor(en) 2018
C. Keuschnigg (Hrsg.), *Inklusives Wachstum und wirtschaftliche Sicherheit*,
https://doi.org/10.1007/978-3-658-21344-2_5

43

Um sich im Wettbewerb mit einem Qualitätsvorsprung oder Kostenvorteil durchzusetzen, betreiben innovative Unternehmen hohen F&E-Aufwand. Damit nicht andere Konkurrenten die Ideen nachahmen oder gar stehlen können, müssen sie ihre Erfindungen mit Patenten schützen. In einer innovativen Wirtschaft spielt daher geistiges Eigentum eine immer wichtigere Rolle, vor allem in multinationalen Unternehmen („Multis"), wo sich ein großer Teil der F&E-Aufwendungen konzentriert. Multis haben viele Standorte weltweit und müssen zur Konzernsteuerung den Unternehmenserfolg zwischen den Tochtergesellschaften klar abgrenzen. Daher müssen die Konzerntöchter, die ein Patent nutzen, eine Lizenzgebühr an jene Einheit des Konzerns zahlen, welche das Patent besitzt. Dabei muss der rechtliche Inhaber des Patents nicht automatische jene Tochtergesellschaft sein, welche den vorherigen F&E-Aufwand getätigt hat. Die F&E-Einheit kann das Patentrecht an eine andere Konzerneinheit zur weiteren Verwertung abtreten. Für alle diese Transaktionen sind interne Verrechnungspreise festzusetzen, damit eine Konzernsteuerung mit einer klaren Erfolgsabgrenzung zwischen den Teilbetrieben möglich wird. Da die Transaktionen innerhalb des Konzerns und nicht zwischen unabhängigen Anbietern und Nachfragern stattfinden, gibt es keine „objektiven" Marktpreise, sondern eben nur Verrechnungspreise.

Unterschiede in der Steuerbelastung haben Einfluss darauf, welchen Tochtergesellschaften der Konzern das Patent zur Verwertung überträgt, und welche Lizenzgebühren bzw. Verrechnungspreise von den anderen nutzenden Einheiten zu zahlen sind. Gewinnstreben und globaler Wettbewerb zwingen die Multis, bei allen Kosten und damit auch bei der weltweiten Steuerbelastung zu „sparen". Steuerunterschiede schaffen also einen Anreiz, Gewinne von Hochsteuerländern in Niedrigsteuerländer zu verschieben. Multis können erstens die Patente an Tochtergesellschaften in Niedrigsteuerländern zur Verwertung übertragen. Diese erhalten Lizenzzahlungen von allen anderen Konzernstandorten, welche die Patente nutzen. Die Lizenzgebühren steigern die Kosten und reduzieren die Gewinne der Nutzer in den Hochsteuerländern und erhöhen die Einnahmen und den Gewinn der Verwertungsgesellschaft im Niedrigsteuerland. Die gesamte Steuerbelastung sinkt, weil ein größerer Teil des weltweiten Gewinns mit geringen Steuersätzen und ein kleinerer Teil mit hohen Sätzen belastet werden.

Ein zweiter Weg der Gewinnverschiebung ist, die Lizenzgebühr übertrieben hoch anzusetzen. Auch das reduziert den Gewinn der Patentnehmer in den Hochsteuerländern und steigert den Gewinn der Verwertungsgesellschaft im

Niedrigsteuerland.[1] Für Steuerbehörden ist es in der Regel schwierig festzustellen, was eine richtige Lizenzgebühr ist, weil sie nur beschränkten Einblick in das Konzerngeschehen haben. Die Nutzungsrechte werden ja innerhalb des Konzerns zu einem internen, selbst kalkulierten Verrechnungspreis zugeteilt und eben gerade nicht auf dem freien Markt zwischen unabhängigen Unternehmen gehandelt, wo sich ein „objektiver Marktpreis" (sog. *Arm's Length* Preis) bilden würde. Das Fehlen vergleichbarer Marktpreise gibt den Multis erheblichen Spielraum, mit der Festsetzung von Lizenzgebühren Gewinne von Hoch- in Niedrigsteuerländer zu verschieben und die weltweite Steuerbelastung zu reduzieren.

▶ Multis können Patente an Tochtergesellschaften in Niedrigsteuerländern übertragen, wo die Lizenzerlöse gering besteuert werden. Zusätzlich können sie die Lizenzgebühren festsetzen, um Gewinne von Hochsteuerländern in Standorte mit niedrigen Steuern zu verschieben und die konzernweite Steuerschuld zu senken.

Die Forscher finden Evidenz dafür, dass die Multis geistiges Eigentum strategisch ansiedeln. Sie zeigen, dass die Zahl der Patentanmeldungen einer Gesellschaft negativ durch den Steuersatz auf die Patenteinnahmen in ihrem Sitzstaat beeinflusst wird. Der Beitrag dieser Arbeit liegt darin, dass sie den Zusammenhang zwischen Unternehmensbesteuerung und dem Standort von Patentinhabern durch eine umfassende quantitative Studie belegt. Konkret untersucht die Forschungsarbeit einen Datensatz mit 9145 europäische Gesellschaften, die zu multinationalen Unternehmen gehören, im Zeitraum zwischen 1995 und 2003. Es ergeben sich über 60.000 Beobachtungen. Berücksichtigt werden Gesellschaften, welche über den Zeitraum mindestens einmal ein Patent angemeldet. Die geografische Verteilung der Patentinhaber in Europa widerspiegelt die Größe der Länder. Die meisten befinden sich in Frankreich, Deutschland und Großbritannien, aber auch die Schweiz und die Niederlande weisen eine hohe Anzahl auf.

Die Analyse untersucht den Zusammenhang zwischen drei Größen, nämlich Informationen über die Beteiligungsverhältnisse der Gesellschaften, Anmeldungen beim Europäischen Patentamt und Unternehmenssteuersätze im Land

---

[1]Sollte das Patent im Besitz einer Tochter in einem Hochsteuerland sein, dann kann die Lizenzgebühr besonders niedrig angesetzt werden, damit dort möglichst geringe Einnahmen und wenig Gewinn entstehen. Dafür bleiben die Lizenzkosten der anderen Töchtern in Ländern mit niedriger Steuerbelastung gering und die Gewinne dort hoch. Wiederum wird Gewinn von Hoch- zu Niedrigsteuerländern verschoben.

der Niederlassung. Die Forscher qualifizieren Tochtergesellschaften als solche, sobald sie zu mindestens 25 % von einer anderen Gesellschaft kontrolliert werden. Die oberste Gesellschaft in einer solchen Eigentümerkette wird als Muttergesellschaft identifiziert. Sie dokumentieren, wie viele Patente eine Gesellschaft pro Jahr beim Europäischen Patentamt anmeldet. Im Durchschnitt sind es 0,9 Patente. Schließlich erfassen sie die absolute und relative steuerliche Attraktivität eines Landes. Der durchschnittliche Steuersatz beträgt 39 % und variiert zwischen 10 und 59 %. Neben dem Steuersatz auf Patenteinnahmen im jeweiligen Land wird auch das Differential der Steuersätze zu anderen Ländern berechnet. Konkret ermitteln sie die durchschnittliche Differenz zwischen dem Steuersatz für eine Gesellschaft und den Steuersätzen aller anderen Tochtergesellschaften desselben Multis in anderen Standortländern.

Die Forscher schätzen, dass ein höherer Steuersatz auf Patenteinnahmen die Zahl der Patentanmeldungen an diesem Standort signifikant verringert. Die Erhöhung des Steuersatzes um zehn Prozentpunkte reduziert die Zahl der Anmeldungen um 35 %. Auch ein höheres Steuerdifferential hat einen signifikant negativen Einfluss. Die Patentanmeldungen gehen also auch dann stark zurück, wenn ein Land zwar seinen eigenen Steuersatz unverändert lässt, aber andere Standortländer ihre Steuersätze senken. Auch damit steigt der Anreiz, die Patente in den Ländern mit tieferer Steuerbelastung anzumelden, weil dort die Patenterträge günstiger besteuert werden. Um robuste Ergebnisse zu erhalten und andere Einflüsse auf die Patentansiedlung herauszufiltern, schätzen die Autoren eine Reihe von unterschiedlichen Spezifikationen und kontrollieren für Einflüsse von über die Zeit konstanten Charakteristika einer Gesellschaft sowie für jahresspezifische Einflüsse.

▶ Eine Erhöhung des Steuersatzes auf Patenteinnahmen um zehn Prozentpunkte verringert die Anzahl an Patentanmeldungen um 35 %.

Insbesondere die Hochsteuerländer versuchen, die Aushöhlung ihrer Steuerbasis durch Gewinnverschiebung zu verhindern. Die Analyse berücksichtigt auch rechtliche Regelungen wie z. B. Quellenbesteuerung von Patenteinnahmen, welche die effektive Steuerbelastung und damit die Standortentscheidung für Patente beeinflussen. Wenn Lizenzgebühren grenzüberschreitend bezahlt werden, kann der Sitzstaat des Lizenznehmers eine Quellensteuer auf die gezahlten Gebühren erheben. Um eine Doppelbesteuerung zu vermeiden, gewährt der Sitzstaat des Patentinhabers in solchen Fällen meist eine Steueranrechnung und behandelt die Quellensteuer im anderen Land als Steuervorauszahlung. Daher bestehen Anreize, Patente an Standorten mit bilateralen Steuerabkommen, welche eine großzügige Anrechnung der bereits in anderen Ländern bezahlten Quellensteuern gewähren, anzusiedeln. Die Forscher berechnen für jede Gesellschaft den Steuersatz, der zur Anwendung käme, wenn sie eine Lizenzzahlung von jeder anderen Tochtergesellschaft erhalten würde. Die zusätzlichen Schätzungen bestätigen den negativen Einfluss höherer Steuern auf die Patentanmeldungen.

▶   Es kommt nicht nur auf die heimische Steuerbelastung an. Ein Land verliert auch dann Patente, wenn das Ausland die effektive Steuerbelastung auf Patenterträge senkt.

Um ihr Steueraufkommen zu schützen, versuchen Hochsteuerländer, eine Gewinnverschiebung auch mit einer Hinzurechnungsbesteuerung (sog. *Controlled Foreign Company* Regeln, CFC) einzudämmen. Damit können unter bestimmten Bedingungen Einnahmen von ausländischen Konzerntöchtern am Standort der Muttergesellschaft nachversteuert werden. Eine solche Nachversteuerung erfolgt, wenn eine Tochter in einem Niedrigsteuerland weniger als 60 % der Steuer zahlt, die im Sitzstaat der Muttergesellschaft anfallen würde. Jedoch ist diese Regel nur für 2,2 % der Beobachtungen im Datensatz bindend. Die meisten Konzerntöchter sind eben aus anderen wirtschaftlichen Gründen in europäischen Staaten angesiedelt, wo die Steuern ohnehin tendenziell hoch sind. Die entsprechende Anpassung erhöht den Steuersatz nur marginal und bestätigt die empirischen Resultate sowohl quantitativ als auch qualitativ.

Die Forscher präsentieren robuste empirische Ergebnisse dafür, dass Patente verstärkt in Staaten mit einer niedrigen Steuerbelastung der konzerninternen Lizenzeinnahmen angemeldet werden. Dies lässt die vermutete Gewinnverschiebung plausibel erscheinen. Die strategische Ansiedelung von Patenten multinationaler Unternehmen schafft Anreize für Staaten, durch attraktive Steuersätze um Gesellschaften mit Patenten zu konkurrieren. Großbritannien zum Beispiel bietet seit 2013 eine sogenannte Patentbox an, welche es Firmen erlaubt, Gewinne aus Patenten zu einem ermäßigten Steuersatz zu versteuern. Auch in der Schweiz sollen mit der geplanten Unternehmenssteuerreform III Erträge aus Patenten privilegiert behandelt werden. Staaten mit hohen Steuern und vielen F&E-intensiven Unternehmen könnten unter Druck kommen, die Abwanderung von Patenten und anderen immateriellen Gütern zu verhindern. Eine Möglichkeit dafür ist die Nachversteuerung von Patenterträgen nach den oben beschriebenen CFC-Regeln, die unter anderem in den USA und in Deutschland eingeführt wurden. Auch die Bemühungen im Rahmen der OECD zielen darauf ab, missbräuchliche Steuervermeidung von Multis und besonders aggressive Formen des Steuerwettbewerbs der Staaten einzudämmen. Es bestehen Bedenken, dass Patentboxen vorwiegend

Anreize zur Gewinnverschiebung setzen und die Staaten sich gegenseitig Patenterträge zur Stärkung der eigenen Steuerbasis abjagen, ohne die Forschung und Entwicklung wirklich zu fördern. Man kann den Steuerwettbewerb als unfair betrachten, wenn ein Staat Steuerausfälle aus dem Abzug von F&E-Abwendungen hinnehmen muss und andere Staaten nur die Patenterträge besteuern, weil die Multis ihre Patente dorthin verschieben. Unter anderem wird deshalb gefordert, dass Patentboxen zwecks Innovationsförderung nur mit der Einschränkung erlaubt sein sollen, dass Patenterträge und der dazu notwendige F&E-Aufwand im selben Land stattfinden.

Steuernachteile von Eigenkapital abbauen und Risiken senken

Anne Beck

Relevanz
Krisenrobustheit braucht mehr risikotragendes Eigenkapital. Die Besteuerung setzt jedoch einen Anreiz zur Überschuldung. Zinsen für Fremdkapital sind steuerlich abzugsfähig, nicht aber die notwendige Verzinsung des Eigenkapitals. Zuerst mit einer steuerlichen Diskriminierung des Eigenkapitals für niedrige Eigenkapitalquoten zu sorgen und nachher mit einer Verschärfung von regulatorischen Eigenkapitalstandards wieder das Gegenteil zu tun, macht wenig Sinn. Eine steuerliche Gleichstellung von Eigen- und Fremdkapital durch Berücksichtigung eines Steuerabzugs für Eigenkapitalzinsen könnte die Wirksamkeit der regulatorischen Mindeststandards wesentlich verbessern und für mehr Krisenrobustheit im Bankensektor sorgen. Die Banken würden freiwillig mehr Eigenkapital halten und eine vorsichtigere Geschäftspolitik anstreben.
Christian Keuschnigg und Michael Kogler

Quelle
Der nachfolgende Text ist eine Zusammenfassung von: Schepens, Glenn (2016), Taxes and Bank Capital Structure, Journal of Financial Economics 120, 585–600.

Die Finanzkrise hat dringenden Handlungsbedarf bei der Regulierung von Banken und insbesondere bei den Kapitalvorschriften aufgezeigt. Viele Institute

A. Beck (✉)
Universität St. Gallen, St. Gallen, Schweiz
E-Mail: annehelene.beck@student.unisg.ch

verfügten über ein zu geringes Eigenkapital, sodass sie Wertminderungen oder Kreditausfälle nicht selbst verkraften konnten und vielfach nur durch staatliche Hilfe vor einer Insolvenz bewahrt wurden. Dies verzerrt wiederum die Anreize der Banken: Kann ein Institut davon ausgehen, dass es im Falle einer drohenden Insolvenz vom Staat gerettet wird, so ist es oft vorteilhaft, mit so wenig teurem Eigenkapital wie möglich zu operieren und in risikoreichere (und damit meist ertragsreichere) Anlagen zu investieren. Dadurch erzielt eine Bank in guten Zeiten eine hohe Eigenkapitalrendite, während sie in schlechten Zeiten die Verluste nicht zur Gänze allein tragen muss.

Strengere Eigenkapitalvorschriften wirken solchen Fehlanreizen entgegen und zielen darauf ab, dass Banken über ausreichend Eigenkapital verfügen, um in Krisenzeiten auftretende Verluste abzudecken. Die Regulierung schreibt dabei nur eine Mindesteigenkapitalquote fest – darüber hinaus können Banken selbst über ihre Kapitalstruktur und über zusätzliche Eigenkapitalpuffer entscheiden. Dabei spielen steuerliche Aspekte eine wichtige Rolle: In den meisten Ländern wird Fremdfinanzierung steuerlich bevorzugt. Denn Fremdkapitalzinsen sind im Gegensatz zu Dividenden bzw. einer Eigenkapitalverzinsung von der Körperschaftssteuer abzugsfähig. Diese Ungleichbehandlung verteuert Eigenkapital im Vergleich zu Fremdkapital und schafft einen Anreiz zu übermäßiger Verschuldung. Eine Beseitigung der steuerlichen Diskriminierung von Eigenkapital könnte dazu beitragen, dass Banken ihre Eigenmittel freiwillig über die Mindestanforderungen hinaus erhöhen. Bei der Neugestaltung der Bankenregulierung (z. B. Basel III) wurde dieser Aspekt bisher jedoch häufig nur am Rande diskutiert.

Die Studie von Schepens rückt dieses Thema in den Mittelpunkt und untersucht die Auswirkungen einer Steuerreform in Belgien im Jahr 2006 auf die Kapitalstruktur und das Risikoverhalten von Banken. Diese Reform war einer der ersten Versuche, die bevorzugte Behandlung der Fremdfinanzierung weitgehend abzuschaffen. Konkret wurde ein steuerlicher Zinsabzug für Eigenkapital eingeführt, der sich am Durchschnittzins einer 10-jährigen belgischen Staatsanleihe orientiert. Unternehmen und Banken können damit die Kosten des Eigenkapitals bei der steuerlichen Gewinnermittlung abziehen. Damit wird die Finanzierung mit Fremd- und Eigenkapital steuerlich annähernd gleichbehandelt.

Die Abb. 1 zeigt die Entwicklung der durchschnittlichen Eigenkapitalquote von belgischen Banken im Vergleich zu anderen europäischen Banken, die als Kontrollgruppe dienen.

Schepens untersucht für die Periode 2002 bis 2007 die Entwicklung der Kapitalstruktur von belgischen Banken im Vergleich zu einer Kontrollgruppe europäischer Banken mit vergleichbaren Charakteristiken, welche jedoch nicht von der Steuerreform betroffen waren. Dies entspricht einem Zeitraum von vier Jahren vor bzw. zwei Jahren nach Umsetzung der belgischen Steuerreform. Die Stichprobe

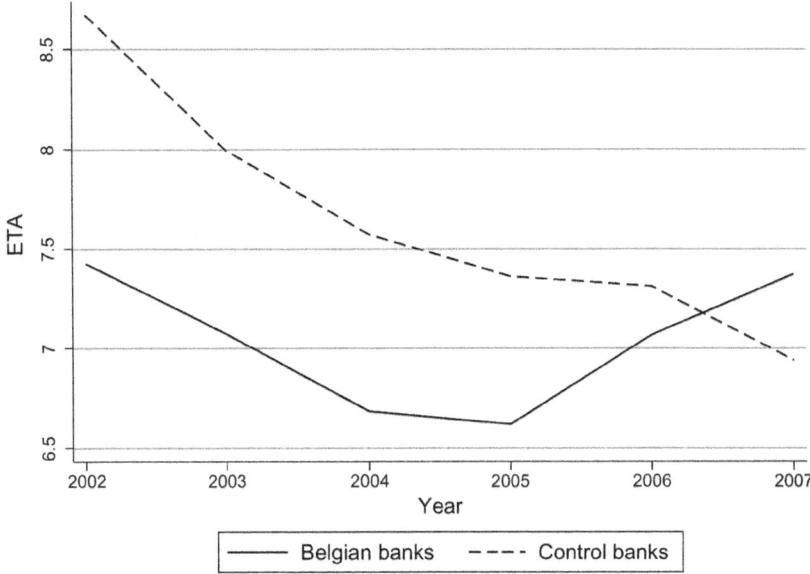

Abb. 1 Entwicklung der Eigenkapitalquote von Banken in Belgien und in anderen Ländern. (Quelle: Schepens, 2016, 586)

umfasst 132 Banken, 33 davon aus Belgien. Die deskriptive Evidenz in Abb. 1 ist bereits ein erster Hinweis, dass die Einführung eines Zinsabzugs auf Eigenkapital den Verschuldungsanreiz verringern kann. Die durchschnittlichen Eigenkapitalquoten folgten bis 2005 einem ähnlichen Abwärtstrend. Nach Umsetzung der Reform stieg jene der belgischen Banken jedoch deutlich an, während die Eigenkapitalquoten der europäischen Banken weiter sanken.

Die empirischen Schätzungen bestätigen diesen ersten Eindruck. Die Steuerreform führte zu einem statistisch signifikanten Anstieg der Eigenkapitalquote einer belgischen Bank um 0,94 Prozentpunkte. Dieser Effekt ist auch ökonomisch bedeutsam, entspricht er doch einer Erhöhung von mehr als 13 % im Vergleich zur Eigenkapitalquote belgischer Banken, welche vor der Reform im Schnitt bei 6,8 % lag.

▶ Die Abzugsfähigkeit von Eigenkapitalzinsen erhöht die Eigenkapitalquote im Durchschnitt um über 13 %.

Als Folge der Reform stieg der Eigenkapitalanteil einer durchschnittlichen Bank. Ob die Steuerpolitik die Regulierung sinnvoll ergänzen kann, hängt aber auch davon ab, welche Banken ihr Eigenkapital erhöhen. Geschieht dies vorwiegend bei jenen, die bereits vorher über eine gute Eigenmittelausstattung verfügten, trägt die Steuerpolitik eher weniger zu einer verbesserten Finanzmarktstabilität bei. Deshalb wird der Effekt der Steuerreform auf unterschiedlich kapitalisierte Banken geschätzt. Die Ergebnisse zeigen jedoch, dass die Reform die Eigenkapitalquoten sowohl von schwächer als auch von stärker kapitalisierten Banken in ähnlichem Umfang erhöhte.

Der Anstieg der Eigenkapitalquoten verbessert die Finanzmarktstabilität, weil damit die Widerstandsfähigkeit einer Bank in Krisenzeiten zunimmt. Für eine Bewertung aus realwirtschaftlicher Sicht ist allerdings entscheidend, wie der Anstieg der Eigenkapitalquote zustande kommt: durch eine tatsächliche Erhöhung der Eigenmittel oder durch eine Verringerung der Kreditvergabe, damit die Bank auch das zur Refinanzierung notwendige Fremdkapital abbauen kann (sogenanntes Deleveraging). Da die Eigenkapitalquote dem Anteil der Eigenmittel an den Aktiva der Bank entspricht, führen beide Wege zu einem Anstieg. Vor allem in Krisenzeiten wäre eine Einschränkung der Kreditvergabe jedoch ungünstig, da sie eine schnelle Erholung der Wirtschaft gefährdet.

Die belgische Steuerreform hat einen Anstieg der Eigenkapitalquote vorwiegend auf dem Weg höherer Eigenmittel eingeleitet. Während die Eigenmittel von belgischen Banken um rund 15,9 % gewachsen sind, hatte die Steuerreform keinen signifikanten Effekt auf das Volumen von Aktiva oder Krediten. Die Steigerung des Eigenkapitals ist u. a. das Ergebnis davon, dass Gewinne in größerem Umfang einbehalten und nicht an die Anteilseigner ausgeschüttet wurden. Die Gewinnrücklagen gemessen am Gewinn vor Steuern stiegen als Folge der Reform um 22,7 %.

▶   Während die Eigenmittel bei belgischen Banken durch die Steuerreform durchschnittlich um 15,9 % gewachsen sind, hat sich das Volumen von Aktiva oder Krediten kaum verändert.

Eine höhere Eigenkapitalquote verringert zunächst automatisch das Risiko einer Insolvenz, da die Bank besser in der Lage ist, Kreditausfälle und andere Verluste zu absorbieren. Gleichzeitig beeinflusst sie auch das Risikoverhalten, das heißt, die Bereitschaft einer Bank, Kredite an riskantere Schuldner zu vergeben oder in unsichere Anlagen zu investieren. Daher schätzt Schepens den Effekt der Steuerreform auf das Risikoverhalten und verwendet dazu verschiedene Risikomaße wie z. B. den Z-Score[1], die Standardabweichung der Erträge oder den Anteil an notleidenden Krediten. Zudem unterscheidet er zwischen den Effekten auf

---

[1]Der Z-Score misst die „Distanz" zur Insolvenz einer Bank, das heisst, um wie viele Standardabweichungen die Erträge einer Bank sinken müssten, sodass das gesamte Eigenkapital aufgebraucht wäre.

stark bzw. schwach kapitalisierte Banken. Die Resultate zeigen, dass die Risikobereitschaft bei schwächer kapitalisierten Banken durch die Steuerreform sank, während keine signifikanten Veränderungen bei besser kapitalisierten Banken zu verzeichnen waren. Dies könnte daran liegen, dass gut mit Eigenkapital ausgestattete Banken bereits vor der Reform Anreize für eine vorsichtige Kreditvergabe hatten und ihre Kreditnehmer gründlich prüften und überwachten. Schlechter kapitalisierte Banken mit vernachlässigter Bonitätsprüfung haben dagegen mehr Möglichkeiten und mehr Anreize, die Kreditrisiken entscheidend zu verringern, wenn sie ihr Eigenkapital aufbauen.

▶   Die Risikobereitschaft ging bei schwächer kapitalisierten Banken nach der Steuerreform zurück, während keine Veränderungen bei besser kapitalisierten Banken zu verzeichnen sind.

Insgesamt legen die Erfahrungen der belgischen Steuerpolitik nahe, dass eine Reform der Körperschaftssteuer – insbesondere eine Beseitigung der steuerlichen Diskriminierung von Eigenkapital und damit ein Abbau des steuerlichen Verschuldungsanreizes – die regulatorischen Kapitalvorschriften für Banken ergänzen und effektiv unterstützen kann. Eine solche Reform schafft Anreize, dass Banken zusätzliche Eigenkapitalpuffer aufbauen, und verringert damit das Risiko einer Insolvenz. Zudem begünstigt die Reform bei schwächer kapitalisierten Banken eine vorsichtigere Kreditvergabe.

Teil III
Bildung und soziale Inklusion

Wo ist das Land der Aufstiegschancen?

Margaret Davenport

Relevanz
Ungleichheit zu verringern ist eine zentrale Aufgabe der Politik. Mit progressiven Steuern oben und einem Einkommenszuschuss unten schaffen wir den Ausgleich. Noch besser ist es, Ungleichheit durch Armut möglichst wenig entstehen zu lassen. Ungleichheit ist keine statische Angelegenheit und Armut kein Schicksal. Sozialer Aufstieg und Abstieg verändern die Position in der Gesellschaft. Wer heute arm ist und seine Chance nutzen kann, bringt es morgen zu Wohlstand. Talent und Umgebung sind wichtig, ein stabiles Elternhaus, leistungsfähige Schulen, eine inspirierende Umgebung mit vielen Erfolgsgeschichten, und eine Politik, die den Aufstieg fördert. Dazu gehört eine Kultur des fairen Wettbewerbs, die den Zugang zu Bildung und lukrativen Berufen ebnet, den Weg in die Selbstständigkeit erleichtert, Diskriminierung und unlauteren Wettbewerb bekämpft, und die Umverteilungspolitik mit Leistungsanreizen verbindet. Das wäre ein Land der Aufsteiger.

Christian Keuschnigg

Quelle
Der nachfolgende Text ist eine Zusammenfassung von: Chetty, Raj, Nathaniel Hendren, Patrick Kline und Emmanuel Saez (2014), Where is the Land of

M. Davenport (✉)
Universität St. Gallen, St. Gallen, Schweiz
E-Mail: margaret.davenport@unisg.ch

© Der/die Autor(en) 2018   57
C. Keuschnigg (Hrsg.), *Inklusives Wachstum und wirtschaftliche Sicherheit*,
https://doi.org/10.1007/978-3-658-21344-2_7

Opportunity? The Geography of Intergenerational Mobility in the United States, Quarterly Journal of Economics 129, 1553–1623.

„Behaltet, o alte Lande, euren sagenumwobenen Prunk", ruft sie mit stummen Lippen. „Gebt mir eure müden, eure armen, eure geknechteten Massen, die frei zu atmen begehren, den elenden Unrat eurer gedrängten Küsten; Schickt sie mir, die Heimatlosen, vom Sturme Getriebenen, hoch halt' ich mein Licht am goldenen Tore!" (Emma Lazarus, The New Colossus).

Dieses Zitat der amerikanische Dichterin Emma Lazarus steht am Fuße der Freiheitsstatue im Hafen von New York und dient noch heute als Sinnbild für all jene, die den „American Dream" suchen. Einmal im Land, so glaubten und glauben noch viele, wartet unabhängig von bescheidenen Anfängen eine Welt von Chancen und ein Versprechen von Freiheit.

Das Streben einer Gesellschaft nach Freiheit ist auch eine Voraussetzung für den Einzelnen, erfolgreich zu sein. Der Erfolg der nächsten Generation soll nicht vom Einkommen und vom sozialen Status der Eltern abhängen. Den Kindern aus allen Einkommensschichten sollen die gleichen sozialen und wirtschaftlichen Aufstiegsmöglichkeiten offenstehen. Ein hohes Maß an Aufstiegsmöglichkeiten von Generation zu Generation ist ein Symbol für Chancengleichheit und soziale Gerechtigkeit. Obwohl heute diese Chancengleichheit vielfach nur mehr anekdotenhaft belegt ist, glauben viele Amerikaner immer noch, dass dem Einzelnen alle Möglichkeiten offenstehen.

Trotz dieser anhaltenden Überzeugung widerlegt die Studie, dass die amerikanische Gesellschaft einen überdurchschnittlichen Grad an generationenübergreifenden Aufstiegschancen aufweist. Die Autoren zeigen, dass die Vereinigten Staaten geringere Aufstiegsmöglichkeiten zwischen Generationen aufweisen als vielfach angenommen. So liegt die Wahrscheinlichkeit bei etwa 7,5 %, dass Kinder aus einer Familie aus den untersten 20 % der Einkommensverteilung im erwachsenen Alter in die Top 20 % der Verteilung gelangen. Dagegen liegt diese Aufstiegswahrscheinlichkeit in Kanada bei 13,4 % und in Dänemark bei 11,4 %. Außerdem weist die durchschnittliche Aufstiegswahrscheinlichkeit erhebliche geographische Unterschiede innerhalb der U.S.A. auf. In manchen Städten sind die Aufstiegschancen sehr hoch, vielfach höher als in europäischen Städten vergleichbarer Größe. Anderswo sind die Aufstiegschancen wiederum so gering, dass dort nur wenige der Armut je entfliehen werden.

▶ Die Wahrscheinlichkeit, dass Kinder aus einer Familie der 20 % tiefsten Einkommen im Laufe des Lebens in die Top 20 % aufsteigen, beträgt in den U.S.A. etwa 7,5 %. Dagegen liegen diese Aufstiegschancen in Kanada bei 13,4 und in Dänemark bei 11,4 %.

Die Autoren nutzen Informationen über 40 Mio. Kinder und den dazugehörenden elterlichen Steuerdaten für den Zeitraum 1996 bis 2012. Dabei wird das Einkommen der Eltern, wenn ihre Kinder zwischen 15 und 20 Jahre alt sind, mit demjenigen der Kinder verglichen, wenn diese das 30. Lebensjahr erreichen. Jedes Kind im Alter von 16 Jahren wird einem geographischen Gebiet bzw. einer Pendlerzone zugeordnet. Dafür werden einzig jene Kinder berücksichtigt, welche aus einem Haushalt stammen, in dem das elterliche Einkommen im untersten Viertel der Einkommensverteilung liegt, also weniger als $ 28,800 beträgt. Dann wird eine Rangordnung der Pendlerzonen nach dem Grad der dort vorherrschenden sozialen Mobilität gebildet. So kann ermittelt werden, inwiefern das zukünftige Einkommensniveau vom Wohnort als Kind abhängig ist. Es zeigen sich erhebliche Unterschiede nach Regionen: Kinder, welche in Städten mit einer hohen Mobilität aufgewachsen sind, wie z. B. Salt Lake City, erreichen ab ihrem 30. bis 32. Lebensjahr ein Einkommen, welches in der Einkommensverteilung um 10 Prozentpunkte höher liegt als das Einkommen von Kindern aus Regionen mit tiefer Mobilität. So können Kinder, welche in den obersten 10 % der Pendlerzonen mit der höchsten sozialen Mobilität aufwachsen, mit 30 Jahren ein Jahreseinkommen von mehr als $ 35.000 erwarten. Dagegen können Kinder aus den untersten 10 % der Gebiete mit der niedrigsten sozialen Mobilität nicht mehr als $ 22.900 erreichen.

▶ Kinder, die in Städten mit hoher Mobilität aufwachsen, erzielen ab ihrem 30. bis 32. Lebensjahr ein Einkommen, welches in der Einkommensverteilung um 10 Prozentpunkte höher liegt als die Einkommen von Kindern aus Regionen mit geringer Mobilität.

Welche regionalen Unterschiede bestehen innerhalb der Vereinigten Staaten konkret? Die Aufstiegschancen sind im Präriegebiet des Westens am höchsten und im Südosten des Landes am niedrigsten. Die Westküste und der Nordosten weisen ebenfalls einen hohen Grad an sozialer Mobilität auf. Betrachtet man die 50 größten Pendlerzonen, dann sind die Gegensätze zwischen Salt Lake City und Charlotte am größten, wobei diese beiden Städte an entgegengesetzten Enden des Kontinents liegen. Die geographische Distanz ist allerdings nicht maßgebend für das Ergebnis: so liegt zum Beispiel Pittsburgh in Pennsylvania auf Rang 2 und Cleveland in Ohio auf Rang 40, zwei Städte, die nur 216 km oder 73 % der Fahrdistanz zwischen Salzburg und Wien auseinanderliegen. Im Durchschnitt weisen städtische Gebiete ein tieferes Maß an Aufstiegsmöglichkeiten zwischen Generationen auf als ländliche Gebiete.

Die Ergebnisse hängen stark von Faktoren ab, welche bereits vor dem Eintritt in den Arbeitsmarkt weitgehend festgezurrt sind. Der soziale Aufstieg korreliert stark mit Faktoren wie Hochschulbesuchsquoten, Qualität der besuchten Hochschule oder dem Anteil jugendlicher Eltern, die noch über ein langes Arbeitsleben Einkommen verdienen können. Von allen Kindern mit 30 Jahren leben 38 % an einem anderen Ort als dort, wo sie aufgewachsen sind. Trotz dieser hohen geographischen Mobilität sind die Unterschiede im Einkommen der Kinder weiterhin abhängig von lange nachwirkenden Faktoren, welche bereits vorhanden sind, bevor ein Kind das Elternhaus verlässt, eine Hochschule besucht oder in den Arbeitsmarkt eintritt.

Die Frage ist, welche weiteren Faktoren die sozialen Aufstiegsmöglichkeiten besonders stark beeinflussen. Die Studie identifiziert fünf Faktoren, welche die Aufstiegschancen mitbestimmen: Segregation, Ungleichheit, Schulqualität, Sozialkapital und Familienstruktur. Diese erklären 76 % der Unterschiede in der sozialen Mobilität zwischen den einzelnen Pendlerzonen.

▶ Segregation, Ungleichheit, Schulqualität, Sozialkapital und Familienstruktur können 76 % der Unterschiede in den sozialen Aufstiegschancen zwischen verschiedenen Regionen erklären.

Gebiete in den Vereinigten Staaten mit geringen Aufstiegsmöglichkeiten werden jeweils nach den zwei Dimensionen Rasse und Einkommen unterteilt. In Gebieten mit einem hohen Anteil an Afroamerikanern haben sowohl die schwarze als auch die weiße Bevölkerung niedrige Aufstiegschancen, beeinflusst durch die vielfach mäßige Qualität der dortigen sozialen Einrichtungen. Eine geographische Trennung der Armen von der Mittelklasse und den Reichen hat einen großen negativen Einfluss auf die sozialen Aufstiegschancen des Einzelnen. Ein mögliches Maß für diese Segregation ist die benötigte Zeit für den Weg zwischen Wohn- und Arbeitsort. Bewohner von Gebieten mit geringen Aufstiegschancen haben typischerweise lange Arbeitswege und sie verfügen vielfach über nur einfache öffentliche Verkehrsinfrastrukturen.

Regionen mit weniger Aufstiegschancen haben oft eine kleine Mittelschicht und weisen einen höheren Grad an Einkommensungleichheit auf. Die Studie stellt fest, dass die Größe des Mittelstands, gemessen an der Differenz zwischen dem obersten und untersten Viertel der Einkommensverteilung, besonders wichtig ist und nicht etwa die vielfach genannten, einkommensstärksten 1 % der Bevölkerung. Nicht die Einkommensungleichheit *an sich* verringert die Aufstiegschancen, sondern vor allem diejenigen Faktoren, welche den Mittelstand aushöhlen.

Bessere schulische Leistungen und geringe Schulabbruchsquoten fördern den sozialen Aufstieg. Typischerweise sind die Aufstiegschancen höher in Pendlerzonen mit hoher Mobilität, in Gebieten mit hohen Wahlbeteiligungen und in Gemeinden mit einem hohen religiösen Bewusstsein. Schließlich spielen auch stabile Familienverhältnisse eine zentrale Rolle in der Entwicklung der Kinder, insbesondere bevor diese in die Arbeitswelt eintreten. Hält man alle anderen Faktoren konstant, dann haben Kinder eines alleinerziehenden Elternteils geringere Aufstiegschancen. Das gilt auch für die gesamte Gemeinschaft. Ein höherer Anteil an Kindern, welche von einem alleinerziehenden Elternteil aufgezogen werden, beeinflusst die Aufstiegschancen in der Region negativ.

Gutes Schulmanagement steigert den Bildungserfolg

David Bader

Relevanz

Auch im Bildungswesen braucht es ein leistungsfähiges Management, um die Produktivität zu steigern und aus dem Steuergeld mehr herauszuholen. Es gilt, das richtige Personal auszuwählen, klare Ziele vorzugeben, Leistungsanreize zu setzen, die Zielerfüllung zu kontrollieren, und die Abläufe zu korrigieren, wenn die Leistung nicht stimmt. Die Schulleitung muss autonom handeln und an allen Hebeln drehen können, wenn sie Wirkung erzielen und Leistung verantworten soll. Ein leistungsfähiges Management macht es möglich, bei gleichem Einsatz von Steuergeld den Bildungserfolg zu steigern.

Christian Keuschnigg und Michael Kogler

Quelle

Der nachfolgende Text ist eine Zusammenfassung von: Bloom, Nicholas, Renata Lemos, Raffaella Sadun und John Van Reenen (2015), Does Management Matter In Schools, Economic Journal 125, 647–674.

Die Leistungen der Schüler fallen unterschiedlich aus. Der Bildungserfolg unterscheidet sich zwischen einzelnen Schulen und verschiedenen Ländern. Nicht nur die pädagogische Qualität der Lehrpersonen und die Grösse und Ausstattung der Klassen bestimmen den Bildungserfolg. Schulen brauchen auch ein gutes

D. Bader (✉)
Universität St. Gallen, St. Gallen, Schweiz
E-Mail: david.bader@student.unisg.ch

© Der/die Autor(en) 2018
C. Keuschnigg (Hrsg.), *Inklusives Wachstum und wirtschaftliche Sicherheit*,
https://doi.org/10.1007/978-3-658-21344-2_8

Management. Kann ein leistungsfähiges Schulmanagement den Bildungserfolg steigern? Die Wirtschaftswissenschaft konnte signifikante Zusammenhänge zwischen der Qualität des Managements und der Leistungsfähigkeit von Universitäten in Forschung und Lehre nachweisen. Über die Managementqualität in den Schulen gibt es jedoch nur wenige verlässliche Daten. Es ist daher noch ungewiss, welchen Einfluss das Management auf den Bildungserfolg haben könnte.

Ein Team von Wissenschaftlern um Nicholas Bloom und John Van Reenen ging dieser Frage nach. Sie entwickelten ein international vergleichbares Mass für die Managementqualität von Schulen und analysierten deren Auswirkungen auf den Bildungserfolg der Schülerinnen und Schüler. Sie untersuchten rund 1800 zufällig ausgewählte Schulen in acht Ländern: Deutschland, Grossbritannien, Italien, Schweden, USA, Kanada, Indien und Brasilien. Mithilfe strukturierter Interviews ermittelten sie, inwieweit in den Schulen tatsächlich die besten Managementpraktiken zum Einsatz kommen. Dabei unterschieden sie über 20 verschiedene Dimensionen des Managements wie Formulierung von Zielen, Kontrolle der Zielerreichung, Personalführung und Personalentwicklung oder Planung und Organisation. Die Antworten wurden in eine fünfteilige Skala umgewandelt, welche die Managementqualität misst. Schliesslich verglichen sie die Managementdaten an verschiedenen Schulen mit den jeweiligen Prüfungsergebnissen aus standardisierten Leistungstests.

▶   Moderne Managementmethoden sind an Schulen wenig verbreitet. Die durchschnittliche Managementqualität erreicht nur 2,27 von 5 Punkten.

Eine erste Auswertung der Daten zeigt, dass moderne Managementmethoden in den Schulen bisher nur teilweise Einzug gehalten haben. Anhand der Interviewergebnisse ermittelten die Forscher die durchschnittliche Managementqualität mit 2,27 von maximal fünf Punkten. Nach Abb. 1 waren die Schulen in Grossbritannien führend. Sie erreichten durchschnittlich 2,9 Punkte und lagen damit knapp vor den Schulen in Schweden, Kanada und den USA. Die Managementqualität in Deutschland lag im Mittelfeld, während sie in Italien, Brasilien und besonders in Indien niedrig war. Internationale Unterschiede in der Managementqualität sind im Bildungssektor deutlich stärker ausgeprägt als in anderen Wirtschaftszweigen. Vergleicht man verschiedene Schulen innerhalb eines Landes, so ergibt sich z. B. für Indien ein aussergewöhnlich ungünstiges Bild. Lediglich 3 % der Schulen in den westlichen Ländern, aber 82 % der indischen Schulen verfügten über ein schlechtes Management mit weniger als zwei Punkten auf der fünfteiligen Qualitätsskala. Verglichen mit anderen Branchen sind diese Werte besonders schlecht.

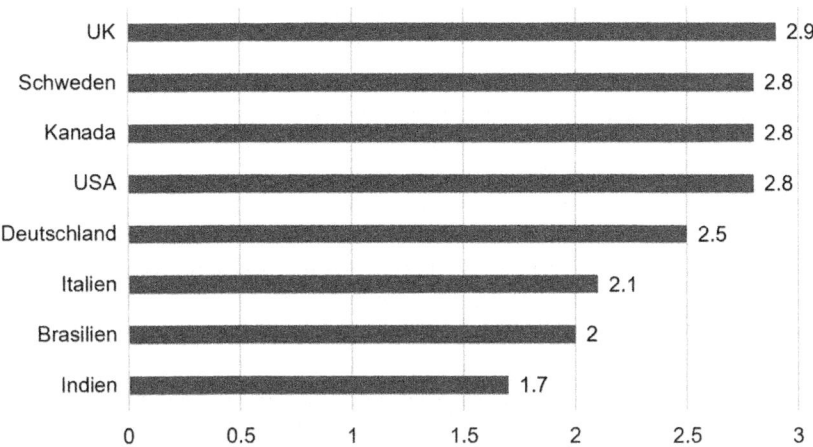

Abb. 1 Durchschnittliche Qualität des Schulmanagements auf einer Skala von 1 (am schlechtesten) bis 5 (am besten). (Quelle: Bloom u. a., 2015, 656)

So hatten 22 % der indischen Unternehmen des verarbeitenden Gewerbes und 10 % in der Gesundheitsbranche eine Managementqualität von mehr als drei Punkten auf der Qualitätsskala. Aber keine der untersuchten Ausbildungsstätten in Indien erzielte mehr als drei Punkte für die Managementqualität.

Warum ist die Managementqualität an den Schulen so niedrig? Eine mögliche Erklärung sind die grossen Defizite im Personalmanagement, angefangen von den Entscheidungen über die Anstellung bzw. Entlassung von Lehrkräften bis zur Bezahlung und zur Beförderungspolitik. In allen untersuchten Ländern erreichte die Bewertung des Personalmanagements lediglich 0,2 bis 0,6 Punkte auf der fünfteiligen Qualitätsskala. Führungsentscheide in anderen Bereichen wie z. B. Planung, Zielsetzung und Kontrolle bewerteten die Forscher hingegen besser.

Wie wirken sich solche Unterschiede in der Managementqualität auf die Leistungen der Schülerinnen und Schüler aus? Der Bildungserfolg einer Schule kann anhand der durchschnittlichen Prüfungsergebnisse von standardisierten Leistungstests gemessen werden. Die empirischen Resultate zeigen einen positiven Zusammenhang zwischen den schulischen Leistungen und der Qualität des Schulmanagements. Steigt die Managementqualität einer Schule um eine Standardabweichung (vergleichbar mit dem Unterschied zwischen Italien und den USA), dann verbessern sich die schulischen Leistungen um gut 42 % einer Standardabweichung. Berücksichtigt man weitere Einflussfaktoren wie z. B.

den Schultyp, beträgt der Leistungsanstieg immer noch rund 23 % einer Standardabweichung. Der Effekt des Managements ist knapp halb so gross wie jener,
der mit einer gezielten Auswahl der Schülerinnen und Schüler aufgrund ihrer vergangenen Leistungen erreicht wird.

> ▶ Gutes Schulmanagement kann die Leistungen der Schülerinnen und
>   Schüler um 23 bis 42 % einer Standardabweichung verbessern.

Worauf sind die Unterschiede in der Managementqualität von Schulen innerhalb
eines Landes zurückzuführen? Die Forscher betonen, dass der Schultyp eine zentrale Rolle spielt. Sie unterscheiden zwischen Privatschulen, regulären staatlichen
Schulen und autonomen staatlichen Schulen. Letztere sind Institutionen, welche
zumindest teilweise vom Staat finanziert werden, jedoch hinsichtlich Curriculum, Zulassung und Personal über ein erhebliches Mass an Autonomie verfügen.
Autonome staatliche Schulen weisen in der Regel die beste Managementqualität
auf. Der Unterschied im Vergleich zu den regulären staatlichen Schulen entspricht
rund 13 % der Differenz zwischen indischen und britischen Schulen. Die Wissenschaftler führen dies auf verbesserte Prozesse im täglichen Management zurück,
wobei den Schuldirektoren eine besondere Rolle zukommt. Die Rechenschafts-
pflicht gegenüber den Interessengruppen der Schule sowie Führungsstärke in
Form der langfristigen Umsetzung einer sorgfältig formulierten Strategie erklären
ungefähr die Hälfte des Unterschieds in der Managementqualität relativ zu den
anderen zwei Schultypen. Bei autonomen staatlichen Schulen besteht zudem eine
negative Korrelation zwischen modernen Managementmethoden und der Anzahl
Schüler pro Lehrer. Schulen mit weniger Schüler pro Lehrer verfügen oft über
höhere Ressourcen und sind besser in der Lage, fortschrittliche Managementpraktiken durchzusetzen.

> ▶ Staatliche Schulen verfügen über die beste Managementqualität,
>   wenn sie autonom über Personal, Zulassung und Curriculum entschei-
>   den können.

Die Schulen eines Landes unterscheiden sich also ganz erheblich in der Qualität ihres Managements. Auch zwischen verschiedenen Ländern bestehen grosse
Unterschiede. Moderne Managementpraktiken sind im Schulbereich noch wenig
verbreitet. Vor allem das Personalmanagement stellte eine häufige Schwäche dar.
Die Handlungsempfehlungen an die Politik sind eindeutig. Sie soll dafür Sorge
tragen, dass die Managementqualität an den Schulen besser wird. Staatliche

Schulen sollen weitgehend autonom über ihre Strategie und ihre Prozesse entscheiden können. Mit einer Verbesserung der Managementqualität an den Schulen kann der Staat ein erhebliches Potential erschliessen, um die Leistungen der Schülerinnen und Schüler merklich zu steigern.

Wieso ich profitiere, wenn Du länger Arbeitslosengeld erhältst

Valentina Sontheim

Relevanz

Wie hoch soll das Arbeitslosengeld ausfallen und wie lange soll es ausbezahlt werden? Die Arbeitslosenversicherung (ALV) führt dazu, dass Arbeitslose weniger intensiv nach Stellen suchen und somit länger arbeitslos bleiben. Damit steht die Politik vor dem Dilemma, dass sie mit der ALV die Arbeitenden vor Einkommensverlusten schützen will, aber dadurch gleichzeitig die Motivation beeinträchtigt, einen Job zu suchen. Das Politikdilemma schwächt sich etwas ab, wenn in wirtschaftlich schwierigen Zeiten eine Verlängerung der Arbeitslosenunterstützung den Arbeitsmarkt entlastet und zu positiven Nebeneffekten für die verbleibenden Jobsuchenden führt. Die ALV kann ein Instrument sein, die vorübergehenden Härten eines besonderen Strukturwandels abzufedern.

Beatrix Eugster

Quelle

Der nachfolgende Text ist eine Zusammenfassung von: Rafael, Lalive, Camille Landais und Josef Zweimüller (2015), Market Externalities of Large Unemployment Insurance Extension Programs, American Economic Review 105(12), 3564–96.

Einen passenden Job zu finden ist bei weitem nicht immer einfach. Wenn die freien Stellen knapp sind und die Konkurrenz auf dem Arbeitsmarkt groß ist, sind

V. Sontheim (✉)
Universität St. Gallen, St. Gallen, Schweiz
E-Mail: valentina.sontheim@student.unisg.ch

© Der/die Autor(en) 2018
C. Keuschnigg (Hrsg.), *Inklusives Wachstum und wirtschaftliche Sicherheit*,
https://doi.org/10.1007/978-3-658-21344-2_9

69

die Aussichten auf einen schnellen Erfolg bei der Jobsuche gering. Die Arbeitslosen können jedoch selbst die Erfolgswahrscheinlichkeit erhöhen, indem sie viele Bewerbungen aussenden, häufig Interviews machen, und damit intensiver nach einem passenden Job suchen. Die Arbeitslosenversicherung (ALV) mindert jedoch den Anreiz zur Jobsuche, verlängert die Dauer der Arbeitslosigkeit und trägt damit selbst zu höherer Arbeitslosigkeit bei. Wird die ALV ausgeweitet, dann bleibt das Einkommen auch in der Arbeitslosigkeit hoch. Umso weniger können die Arbeitslosen gewinnen, wenn sie eine neue Beschäftigung aufnehmen. Die finanziellen Anreize zur Jobsuche nehmen ab. Eine Ausweitung der ALV beeinflusst aber nicht nur die Verhaltensweise der Arbeitnehmer, sondern auch die Bedingungen auf dem Arbeitsmarkt. Wenn die Arbeitslosen weniger intensiv nach Arbeit suchen und daher weniger Leute um gleich viele offene Stellen konkurrieren, dann wird es für die verbleibenden Arbeitssuchenden leichter, eine passende Stelle zu bekommen. Wenn in wirtschaftlich schwierigen Zeiten oder bei einem ausgeprägten Strukturwandel besonders betroffene Gruppen länger Arbeitslosengeld erhalten, profitieren die übrigen Arbeitssuchenden. Das kann besondere Härten eines starken Strukturwandels abfedern.

Die Schwierigkeiten, einen Job zu finden, hängen jedoch nicht nur von den Bemühungen der Arbeitssuchenden, sondern auch von der Anzahl offener Stellen ab. Eine großzügige ALV mindert tendenziell die Arbeitsnachfrage der Unternehmen. Wenn die Arbeitslosenversicherung großzügiger wird, müssen nämlich auch die Löhne steigen, um die finanziellen Anreize für die Jobsuche und Annahme einer Beschäftigung zu erhalten. Für die Firmen wird es mit höheren Löhnen teurer, neue Stellen zu schaffen. Wenn in der Folge die Anzahl offener Stellen zurückgeht, wird eine erfolgreiche Jobsuche schwieriger. Bei gleicher Anstrengung der Arbeitssuche sinkt die Wahrscheinlichkeit, einen Job zu finden. In der Praxis zeigt sich jedoch, dass die Löhne nicht bemerkenswert steigen, wenn die Dauer der gewährten Arbeitslosenunterstützung verlängert wird. Die Bezahlung für die meisten Jobs ist ausreichend hoch im Vergleich zur gewährten Arbeitslosenentschädigung. Wenn die Löhne nicht oder nur leicht steigen, kann eine längere Dauer der ALV für besonders betroffene Gruppen die Arbeitsmarktchancen der verbleibenden Arbeitssuchenden verbessern.

Lalive, Landais und Zweimüller untersuchen empirisch, wie sich eine Verlängerung der Bezugsdauer der ALV auswirkt, wenn nur eine spezielle Gruppe von Arbeitnehmern Anspruch darauf hat, aber andere nicht. Konkret analysieren die Forscher ein regionales Programm der ALV in Österreich, welches die Arbeitsmarktfolgen eines regional konzentrierten wirtschaftlichen Einbruchs für besonders benachteiligte Gruppen lindern sollte und von 1988 bis 1993 in 28 von ca. 100 Bezirken die maximale Bezugsdauer von Taggeldern um drei Jahre angehoben hat.

Diese Veränderung ist angesichts der bis anhin geltenden maximalen Bezugsdauer von 52 Wochen (Arbeitslose über 50) bzw. 39 Wochen (Arbeitslose zwischen 40 und 49) erheblich. Von der Verlängerung profitierten allerdings nur ältere Arbeiter mit durchgehender Beschäftigung während der letzten 25 Jahre. Keinen Anspruch hatten dagegen jüngere Arbeitslose und solche mit zeitweiligen Arbeitsunterbrüchen in der Vergangenheit. Wie ändern sich die Anreize zur Jobsuche und welche Folgen hat das Programm auf die Bedingungen auf dem Arbeitsmarkt? Wie reagieren die begünstigten Arbeitslosen und wie die anderen Arbeitssuchenden, die nicht direkt von der Verlängerung der Bezugsdauer profitieren und daher die Auswirkungen *nur indirekt* zu spüren bekommen?

▶ Von 1988 bis 1993 wurde in Österreich zur Abfederung eines regional konzentrierten Strukturwandels in 28 von ca. 100 Bezirken die maximale Bezugsdauer des Arbeitslosengeldes für ältere Arbeitnehmer mit langer Beschäftigung um drei Jahre angehoben.

Um die Folgen der Reform für den Arbeitsmarkt zu ermitteln, untersuchen die Wissenschaftler die Auswirkungen auf zwei Gruppen von Arbeitssuchenden, die sich auf dem gleichen regionalen Arbeitsmarkt um dieselben Stellen bewerben. Konkret vergleichen sie Arbeitslose mit Wohnort in Bezirken, welche die Reform umsetzen, mit solchen in anderen Bezirken, in welchen die ALV unverändert bleibt. Dabei interessiert besonders der indirekte Effekt der Reform, der sich aus der Stellenkonkurrenz auf dem Arbeitsmarkt ergibt. Wie verändert das Programm bei unveränderter Anstrengung in der Jobsuche die Chancen auf einen Job? Die Forscher wollen vor allem wissen, wie Arbeitslose betroffen sind, welche die Kriterien für die Zulassung zum Programm nicht erfüllen. Sie haben keinen direkten Nutzen von der Reform, da sie nicht von einer Verlängerung der Bezugsdauer profitieren. Wenn jedoch die begünstigten Arbeitnehmer weniger stark suchen und länger vom Arbeitsmarkt fernbleiben, dann konkurrieren weniger Arbeitslose um die Zahl freier Stellen. Damit haben es auch die nicht geförderten Jobsuchenden leichter, weil die geringere Konkurrenz auf dem Stellenmarkt ihre Erfolgsaussichten auf einen Job verbessert.

Das Programm hat beachtliche Auswirkungen auf beide Gruppen von Arbeitslosen. Jene, welche die Unterstützung nun wesentlich länger beziehen können, nehmen sich in ihren Anstrengungen zur Stellensuche deutlich zurück. Bei ihnen steigt in der Folge die Arbeitslosendauer im Durchschnitt um 43 Wochen an, gegenüber einer durchschnittlichen Dauer der Arbeitslosigkeit von 21 Wochen vor Einführung des Programms (Abb. 1, Grafik A). Dieser Effekt hält nur solange an, wie auch die Reform in Kraft ist, und verschwindet danach wieder.

Effekt des REBP-Programms auf die Arbeitslosendauer

A. Direkt betroffene Arbeitslose

B. Nicht direkt betroffene Arbeitslose

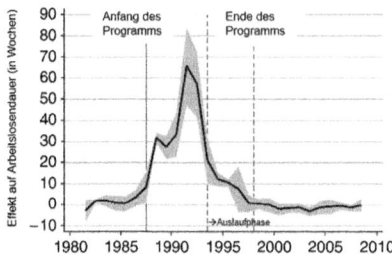

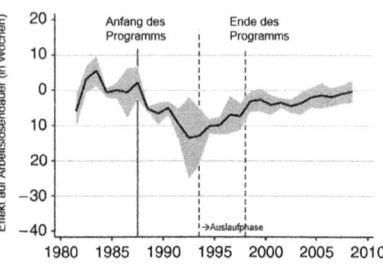

Abb. 1 Effekt des REBP-Programms auf die Arbeitslosendauer. (Quelle: Rafael u. a., 2015, 3581)

Die Wissenschaftler stellen zudem fest, dass auch die nicht begünstigten Jobsuchenden markant profitieren, weil der Rückzug der geförderten Arbeitslosen die Stellenkonkurrenz auf dem Arbeitsmarkt entschärft. Sie müssen im Durchschnitt 4 Wochen weniger lang suchen, bis sie einen passenden Job finden, das entspricht einer um 20 % geringeren Arbeitslosendauer (Abb. 1, Grafik B).

▶ Mit Einführung des Programms steigt bei den geförderten Arbeitnehmern die Arbeitslosendauer um 43 Wochen an. Aufgrund geringerer Stellenkonkurrenz verkürzt sich die Arbeitslosigkeit bei den übrigen Stellensuchenden um 4 Wochen.

Das Programm begünstigt nur ältere Arbeitnehmer mit langer Beschäftigungsdauer und hat daher recht unterschiedliche Auswirkungen auf verschiedene Altersgruppen. Arbeitslose über 50 Jahre, die nicht zum Programm zugelassen sind, konkurrieren am ehesten mit der begünstigten Gruppe. Deshalb ist es naheliegend, dass sie die Folgen der Reform am stärksten zu spüren bekommen. Sie können am ehesten von einer höheren Wahrscheinlichkeit einen Job zu finden profitieren. Von allen Arbeitslosen, die keinen Anspruch auf eine längere Bezugsdauer des Arbeitslosengeldes haben, sind nach Start des Programms die 46 bis 49-Jährigen um durchschnittlich 2–3 Wochen weniger lang arbeitslos. Bei den über 50-Jährigen ist der Effekt mit 6–9 Wochen wesentlich stärker.

Zusätzlich stellen Lalive, Landais und Zweimüller fest, dass sich das Programm auch positiv auf benachbarte Bezirke auswirkt. Stellensuchende in anderen Bezirken, deren Arbeitsmärkte stark mit den Reform-Bezirken vernetzt sind, profitieren ebenfalls. Ihre durchschnittliche Arbeitslosendauer verkürzt sich um 4 Wochen, da mit Einführung des Programms die Konkurrenz der Stellensuchenden aus den Nachbarsbezirken nachlässt.

Das Programm ist auf benachteiligte Gruppen zugeschnitten, die in einzelnen Regionen von verschlechterten Wirtschaftsbedingungen besonders stark betroffen sind. Die Wissenschaftler ziehen den Schluss, dass eine temporäre Verlängerung der Bezugsdauer für besonders betroffene Gruppen weniger Kosten mit sich bringt als bisher erwartet, da ein solches Programm auch positive Auswirkungen auf andere Stellensuchende hat.

Familienpolitik auf dem Prüfstand

Corinne Knöpfel

Relevanz

Zwanzig Tage Vaterschaftsurlaub fordert eine Volksinitiative. Die Initianten sind überzeugt, dass ein solcher den jungen Familien nützt und längst überfällig ist. Der Bundesrat hingegen fürchtet um die Wettbewerbsfähigkeit der Schweiz und lehnt die Initiative ab. Was sind die Folgen des Vaterschaftsurlaubs wirklich? Kann er helfen, Beruf und Familie besser in Einklang zu bringen? Wird er die Erwerbsbeteiligung der Frauen steigern und ihnen helfen, rascher an den Arbeitsplatz zurückzukehren? Wie wirkt er sich auf ihre Löhne aus? Sind gar positive Folgen für die Geburtenhäufigkeit zu erwarten? Schliesslich wäre wichtig zu wissen, wie der Vaterschaftsurlaub im Vergleich zu anderen Instrumenten der Familienpolitik abschneidet.

Christian Keuschnigg und Michael Kogler

Quelle

Der nachfolgende Text ist eine Zusammenfassung von: Olivetti, Claudia and Barbara Petrongolo (2017), The Economic Consequences of Family Policies: Lessons from a Century of Legislation in High-Income Countries, Journal of Economic Perspectives 31, 205–230.

Regelungen für Frauen und Familien im Arbeitsumfeld haben in Europa eine lange Tradition. Bereits während der Industrialisierung wurden im Rahmen des

C. Knöpfel (✉)
Universität St. Gallen, St. Gallen, Schweiz
E-Mail: corinne.knoepfel@student.unisg.ch

© Der/die Autor(en) 2018   75
C. Keuschnigg (Hrsg.), *Inklusives Wachstum und wirtschaftliche Sicherheit*,
https://doi.org/10.1007/978-3-658-21344-2_10

Arbeitnehmerschutzes spezifische Vorschriften für Frauen eingeführt. Anfang des 20. Jahrhunderts ergänzten einige Länder diese um einen unbezahlten Mutterschaftsurlaub. Dadurch erhielten Mütter die Garantie, wieder an ihren bisherigen Arbeitsplatz zurückkehren zu können. Später wurden finanzielle Unterstützungen während des Mutterschaftsurlaubs geschaffen. Schweden führte in den 1970er Jahren als erstes Land einen sechsmonatigen Elternurlaub ein, welcher von Müttern und Vätern gleichermassen beansprucht werden konnte. Auch die Europäische Union veröffentlichte in den 1990er Jahren eine Richtlinie für einen dreimonatigen Elternurlaub und stellte die Vereinbarkeit von Arbeit und Familie in den Vordergrund. Was sind die Folgen für Familien, Wirtschaft und Gesellschaft? Claudia Olivetti vom Boston College und Barbara Petrongolo von der Londoner Queen Mary University sind diesen Fragen auf den Grund gegangen. Sie stützten sich in ihrer Untersuchung sowohl auf eigene Schätzungen als auch auf eine Vielzahl existierender Studien. Heute sehen alle reichen, industrialisierten Länder zumindest einen bezahlten Mutterschaftsurlaub vor. Ausnahme sind die USA, wo dieser unbezahlt bleibt. Neben den Elternurlaub sind nach und nach weitere familienfördernde Massnahmen getreten, wie die öffentliche Finanzierung von Krippenplätzen, Teilzeitarbeit, oder flexible Arbeitszeiten. Allerdings streiten sich Befürworter und Gegner nach wie vor über Nutzen und Kosten dieser Politik. Den Fortschritten in der Gleichberechtigung, der Förderung der Kindesentwicklung und der besseren Vereinbarkeit von Beruf und Familie stehen hohe Kosten und verpasste Berufserfahrung – verbunden mit beeinträchtigten Karrierechancen – gegenüber.

Wie beeinflusst die Familienpolitik die Erwerbstätigkeit und die Löhne von Frauen? Die Wissenschaftlerinnen starten mit den Ergebnissen einer früheren Untersuchung für neun EU Länder (1969–93), wonach eine bezahlte Elternzeit von bis zu drei Monaten die Beschäftigungsquote von Frauen um 3 bis 4 % erhöht, aber keinen Effekt auf die Gehälter hat. Eine Verlängerung des Elternurlaubs, z. B. auf neun Monate, kann jedoch die Erwerbsquote von Frauen nicht mehr steigern, während sich ihre Löhne um 3 % verringern. Dieses Resultat wurde seither von zahlreichen weiteren Studien bestätigt. Zudem erwähnen sie eine Studie für OECD Länder (1990–2010) mit dem Ergebnis, dass familienpolitische Massnahmen geschlechtsspezifische Unterschiede bei Beschäftigung und Gehältern verringern. Allerdings ist die empirische Evidenz nicht durchgehend positiv. Eine Untersuchung zur Einführung des Mutterschaftsurlaubs in den USA konnte keinen Einfluss auf Erwerbsquote und Löhne von Frauen feststellen. Weitere Studien aus den USA fanden sogar, dass Mutterschaftsurlaub und staatliche

Unterstützung zu einer tieferen Beschäftigung von Frauen führt. Dagegen zeitigen öffentliche Ausgaben im Bereich der Kinderbetreuung positive Effekte.

▶ Eine bezahlte Elternzeit von drei Monaten erhöht die Beschäftigungsquote von Frauen um 3 bis 4 %, ohne die Löhne zu beeinträchtigen. Ein längerer Elternurlaub erhöht die Beschäftigung nicht weiter, senkt aber die Löhne von Frauen um 3 %.

Olivetti und Petrongolo schätzen selber den Effekt der Familienpolitik auf Beschäftigung und Einkommen von Frauen sowie auf die Geburtenrate in 30 OECD Ländern. Sie konzentrieren sich auf Massnahmen wie z. B. Mutter- und Vaterschaftsurlaub oder Ausgaben für frühkindliche Betreuung. Dazu vergleichen die Forscherinnen aggregierte Daten zu Arbeitsmarkt und Fertilität in den betroffenen Ländern.

Abb. 1 zeigt die Entwicklung der Beschäftigungsquote von Frauen zwischen 1970 und 2010. Die Quote von berufstätigen Frauen ist in fast allen Ländern

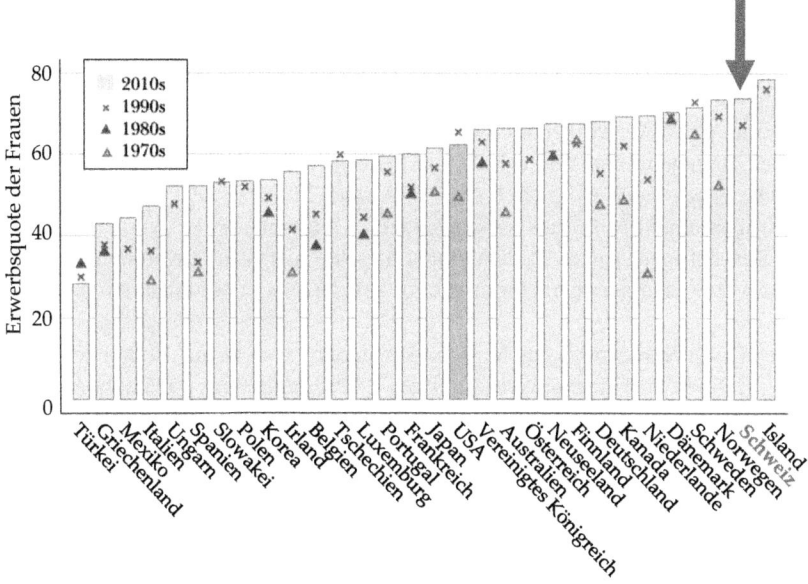

Abb. 1 Beschäftigungsquote von Frauen im Alter von 25 bis 54 Jahren von 1970 bis 2010. Als beschäftigt gelten Frauen, die mindestens eine Stunde pro Woche arbeiten. (Quelle: Olivetti & Petrongolo, 2017, 215)

gestiegen. Heute sind durchschnittlich 60 % aller Frauen erwerbstätig, verglichen mit 49 % in den 1980er Jahren. Die Daten deuten auch darauf hin, dass bezahlter und unbezahlter Mutterschaftsurlaub mit geringeren Unterschieden in der Beschäftigungsquote von Männern und Frauen einhergeht. Der Vaterschaftsurlaub hingegen steht in keiner Verbindung zu Lohn oder Beschäftigung. Öffentliche Ausgaben für Kinderbetreuung sowie flexible Arbeitsmöglichkeiten wiederum gehen mit einer höheren Beschäftigungsquote für Frauen und einer geringeren Geschlechterungleichheit in der Erwerbsquote einher. Ein besseres Angebot an Kinderbetreuung ist ausserdem mit einer höheren Geburtenrate verbunden.

Die Schätzungen zeigen, dass ein Mutterschaftsurlaub von bis zu fünfzig Wochen die Quote erwerbstätiger Frauen erhöht. Die Effekte sind allerdings gering. Würden die USA den unbezahlten Mutterschaftsurlaub von derzeit 12 auf 70 Wochen erhöhen, wie dies z. B. in Schweden üblich ist, so stiege die Erwerbsquote für Frauen um 1,4 Prozentpunkte. Dies ist im Vergleich zur momentanen Frauenerwerbsquote in den USA von 62 % wenig. Bei längerer Urlaubszeit wird der Beschäftigungseffekt schwächer oder sogar negativ.

Zudem deutet die Analyse auf unterschiedliche Effekte der Familienpolitik abhängig von Qualifikation und Ausbildung der Frauen hin. Vor allem geringqualifizierte Frauen profitieren von einem Mutterschaftsurlaub und werden dadurch häufiger erwerbstätig. Die Erwerbsquote von hochqualifizierten Frauen nimmt hingegen kaum zu, während ihre Löhne tendenziell sinken. Ein Berufsunterbruch ist für eine hoch qualifizierte Beschäftigung eher ungünstig.

Eine wichtige familienpolitische Massnahme ist der Ausbau der frühkindlichen Betreuung und Bildung. In den betrachteten OECD-Ländern lagen 2014 die Ausgaben dafür zwischen 0,4 % (USA) und 2 % des BIP. Ein Anstieg dieser Ausgaben um einen Prozentpunkt resultiert in einer um 3,6 Prozentpunkte höheren Beschäftigungsquote. Zudem erhöht dieselbe Ausgabensteigerung im Durchschnitt die Geburtenrate um bis zu 0,2 zusätzliche Kinder pro Frau.

▶ Eine Verlängerung des Mutterschaftsurlaubs von 12 auf 70 Wochen steigert die Frauenerwerbsquote um 1,4 Prozentpunkte. Die Erhöhung der Ausgaben für Kinderbetreuung um 1 % des BIP führt zu einem Anstieg der Frauenerwerbsquote von 3,6 Prozentpunkten.

Wie reagieren die einzelnen Haushalte, Arbeitnehmer und Arbeitgeber auf familienpolitische Massnahmen? Die Forscherinnen stützen sich dabei auf mehrere

Studien, welche familienpolitische Reformen mithilfe individueller Daten analysieren. Demnach hatte die Verlängerung der Elternzeit in Österreich im Jahr 1990 von einem auf zwei Jahre einen signifikanten Effekt auf die Fertilität. Die Geburtenrate stieg um 12 Kinder pro 100 Frauen. Gleichzeitig ging die Erwerbsquote von Frauen zumindest in den ersten drei Jahren nach der Geburt zurück. Weitere Analysen zeigen, dass eine grosszügige finanzielle Unterstützung die Rückkehr an den Arbeitsplatz ebenfalls verzögert. In Deutschland oder Norwegen etwa führte die Verlängerung der Elternzeit dazu, dass Frauen nach der Geburt länger zu Hause blieben und später an ihren Arbeitsplatz zurückkehrten. Langfristig hatte dies jedoch kaum Folgen für die Erwerbstätigkeit oder die Einkommen.

Nur wenige Studien untersuchen die Auswirkungen eines Vaterschaftsurlaubs, denn das Phänomen ist vergleichsweise jung. Schweden führte 1995 einen einmonatigen Vaterschaftsurlaub ein. Die Männer nutzten zwar vermehrt diese Möglichkeit nach der Geburt ihres Kindes. Ihr Anteil an der Kinderbetreuung hat sich dadurch aber nicht erhöht.

▶ Der Vaterschaftsurlaub in Schweden führte dazu, dass sich Männer nach der Geburt ihres Kindes zwar vermehrt freigenommen haben. Der Anteil der Väter an der Kinderbetreuung hat sich jedoch nicht erhöht.

Subventionen für die Kinderbetreuung sind schliesslich ein weiterer Ansatz, Familien zu unterstützen. In den USA zeigte sich, dass staatliche Programme für vierjährige Kinder einen geringen positiven Effekt auf die Erwerbstätigkeit wenig qualifizierter Arbeitnehmerinnen haben. Ähnliche Untersuchungen fanden positive Effekte von Kindergärten auf die Erwerbstätigkeit alleinstehender Mütter. In Kanada schätzten Wissenschaftler einen stark positiven Effekt von Kinderbetreuungszulagen für Vierjährige. Die Erwerbstätigkeit von Müttern stieg um 8 Prozentpunkte und der Effekt blieb auch langfristig stabil.

Was können wir aus 100 Jahren Familienpolitik in der industrialisierten Welt lernen? Wie immer ist die Antwort nicht ganz eindeutig. Länderübergreifende Studien finden für eine moderate Elternzeit positive Effekte auf die Erwerbsquote von Frauen, die sich ins Negative wenden, wenn die Elternzeit zu grosszügig angelegt wird. Die Vorteile im Hinblick auf Erwerbstätigkeit und Lohn sind vor allem für gering qualifizierte Arbeitnehmerinnen stärker ausgeprägt. Untersuchungen von

länderspezifischen Reformen zeigen, dass Elternzeit die Rückkehr an den Arbeitsplatz verzögert, aber die Erwerbsquote langfristig wenig bis gar nicht beeinflusst.
Durchwegs positive Effekte zeigen hingegen Ausgaben für die Kinderbetreuung.
Solche Investitionen bauen Ungleichheiten zwischen Männern und Frauen auf
dem Arbeitsmarkt ab und regen zudem die Geburtenraten an.

Wie der Männermangel nach dem 2. Weltkrieg uneheliche Geburten beeinflusste

Carina Steckenleiter

Relevanz

Bewaffnete internationale, nationale, und regionale Konflikte führen zu hohen Opferzahlen in den Wehrmächten und in der Bevölkerung. Dabei sind Frauen und Männer unterschiedlich stark betroffen. So schreibt z. B. die NZZ (Aug. 2014), dass ca. 85 % der Todesopfer des Syrienkriegs Männer sind. Am Beispiel des 2. Weltkriegs zeigt die Studie von Bethman und Kvasnika, dass der hohe Verlust von Männern langfristige Auswirkungen auf die Fertilität in den betroffenen Regionen hat.

Beatrix Eugster

Quelle

Der nachfolgende Text ist eine Zusammenfassung von: Bethmann, D., & Kvasnicka, M. (2013). World War II, Missing Men and Out of Wedlock Childbearing. Economic Journal, 123(567), 162–194.

Was passiert in einer Gesellschaft, wenn es viel weniger Männer als Frauen gibt? Welche Auswirkungen hat ein Männermangel auf Fertilität und insbesondere auf uneheliche Geburten? Dieser Frage sind Dirk Bethmann von der Korea University und Michael Kvasnicka von der Universität Magdeburg anhand Daten aus der Vor- und Nachkriegszeit in Deutschland nachgegangen.

C. Steckenleiter (✉)
Universität St. Gallen, St. Gallen, Schweiz
E-Mail: carina.steckenleiter@unisg.ch

Die ungeheuren Verluste im 2. Weltkrieg hatten in Deutschland einen starken Männermangel in der Nachkriegszeit zur Folge. So waren von den Geburtsjahrgängen 1910–1927, die komplett zur Wehrmacht eingezogen worden waren, im Durchschnitt 30 % der Männer gestorben. Daraus resultierte ein starker Frauenüberschuss im heirats- und fortpflanzungsfähigen Alter in Deutschland. Die Studie von Bethmann und Kvasnicka analysiert in diesem Zusammenhang, wie sich dieser Frauenüberschuss auf das Geburtsverhalten und insbesondere auf den Anteil an unehelichen Geburten in der unmittelbaren Nachkriegszeit von 1946–1948 auswirkte. Hierfür nutzen die Autoren Daten bayerischer Landkreise aus der Vor- und Nachkriegszeit. Die Bevölkerung des Bundeslands Bayern entsprach damals in etwa der Hälfte der Gesamtbevölkerung der amerikanischen Besatzungszone.

▶   Der durchschnittliche Anteil an unehelichen Geburten hat sich von 1939 zu 1946 in den bayerischen Landkreisen von 9,2 % auf 20,8 % erhöht.

Wenn man die bayerischen Statistiken für die Jahre 1939 und 1946 in Bezug auf aussereheliche Geburten sowie Anzahl von Männern zu Frauen in den Landkreisen vergleicht, fallen markante Unterschiede auf (vgl. Abb. 1). So betrug der Anteil der unehelichen Geburten an allen Geburten 1939 im Durchschnitt 9,2 %

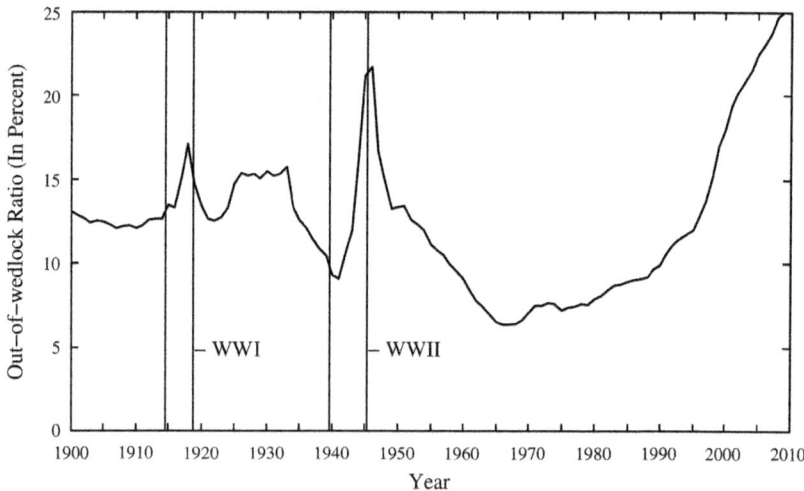

Abb. 1 Anteil an ausserehelichen Geburten per 100 Frauen in Bayern von 1900 bis 2010. (Quelle: Bethmann und Kvasnicka 2013, 172)

in den bayerischen Landkreisen. 1946 war der durchschnittliche Anteil von ausserehelichen Geburten auf 20,8 % angestiegen. Somit war 1946 im Schnitt jede fünfte Geburt ausserehelich und der durchschnittliche Anteil von ausserehelichen Geburten hatte sich von vor zu nach dem Krieg um mehr als 125 % erhöht.

Da für die Fragestellung die Relation von Männern zu Frauen im heiratsfähigen Alter relevant ist, stellen die Autoren die Anzahl an Männern im Alter von 20 bis 50 der Anzahl an Frauen im Alter von 14 bis 40 Jahren gegenüber. In dieser Altersgruppe kamen 1939 im Schnitt 95 Männer auf 100 Frauen. Nach dem Krieg war dieses Verhältnis stark gesunken. So kamen im Zensus 1946 im Durchschnitt nur noch 76 Männer auf 100 Frauen. Jedoch war der Ausmass des durch den Krieg entstandenen Männermangels nicht über alle Landkreise hinweg gleichmässig. So gab es Landkreise, in denen sich das Verhältnis von Männern zu Frauen von 1939 zu 1946 besonders stark verschlechtert hatte. In anderen Landkreisen hingegen hatte sich das Geschlechterverhältnis nicht allzu stark verschlechtert oder war nahezu gleichgeblieben. Bethmann und Kvasnicka argumentieren, dass diese durch den Krieg hervorgerufen Veränderungen im Geschlechterverhältnis zufällig waren. So können sie stark und weniger stark betroffene Landkreise vergleichen. Sie untersuchen, ob sich der Anteil an ausserehelichen Geburten signifikant stärker in jenen Landkreisen erhöhte, in denen sich das Geschlechterverhältnis besonders stark verschlechtert hatte.

Da der 2. Weltkrieg Zerstörung und soziale Umwälzungen von nie da gewesenem Ausmass mit sich brachte, beziehen die Autoren weitere Faktoren in ihre Analyse mit ein. Diese sollen für Effekte des Krieges auf Grösse und Zusammensetzung der Bevölkerung, Lebensstandard sowie sozialen Zusammenhalt kontrollieren. So berücksichtigen sie die Bevölkerungsdichte, den Zerstörungsgrad des Hausbestands sowie den Anteil an Heimatvertriebenen in den Landkreisen in ihrer Analyse. Darüber hinaus verwenden sie als Mass für vorherrschende soziale Normen den Anteil an Katholiken in der Bevölkerung.

▶ Die Reduktion des Geschlechterverhältnisses um 1 % führt zu einem Anstieg des Anteils ausserehelicher Geburten von 1,2 % in 1946.

In ihrer Analyse kommen die Autoren zu dem Ergebnis, dass eine Reduktion des Geschlechterverhältnisses um 1 % zu einem Anstieg am Anteil ausserehelicher Geburten von 1,2 % im Jahr 1946 führt, wenn man die oben genannten zusätzlichen Einflussfaktoren berücksichtigt. Dieser Effekt ist auch für die Jahre 1947 und 1948 noch messbar, fällt jedoch in seiner Grösse ab. In einem zweiten Schritt analysiert die Studie, wie Erwartungen über eine mögliche Verbesserung des Männermangels in naher Zukunft uneheliche Geburten beeinflussen. Um Klarheit

über das Ausmass an militärischen Verlusten, vermissten Soldaten sowie Kriegsgefangenen zu erhalten, wurden 1946 und 1947 aufwändige Zählungen durchge-
führt. Während die Wahrscheinlichkeit, dass vermisste Soldaten noch am Leben
waren, sehr gering war, war es bei Kriegsgefangenen sehr viel wahrscheinlicher,
dass diese in nicht allzu ferner Zukunft aus der Kriegsgefangenschaft nach Hause
zurückkehren würden.

Wenn somit der Frauenüberschuss in einem Landkreis vor allem darauf
zurückzuführen war, dass viele Männer gestorben oder vermisst waren, stan-
den die Chancen auf eine zeitnahe Verbesserung des Männermangels wesentlich
schlechter als in einem Landkreis, dessen Männermangel durch eine hohe Anzahl
an Männern in Kriegsgefangenschaft verursacht war. In ihren Untersuchungen kommen die Wissenschaftler zum Ergebnis, dass in Landkreisen, in denen
Kriegsgefangene einen höheren Anteil der Männer im Jahr 1939 ausmachten, sich
der Anteil an unehelichen Geburten weniger stark erhöhte. Somit kommt die Studie zum Schluss, dass nicht nur der unmittelbar nach dem Krieg vorherrschende
Männermangel, sondern auch Erwartungen, wie sich dieser in naher Zukunft entwickeln würde, das Fertilitätsverhalten beeinflusst haben.

Lohnt sich Gender-Diversity?

Valentine Huber

Relevanz

Die Gesetzesvorlage zur Revision des Aktienrechts, welche der Bundesrat im November 2016 ans Parlament geschickt hat, beinhaltet eine Frauenquote für größere börsenkotierte Unternehmen. Im Verwaltungsrat soll jedes Geschlecht zu mindestens 30 % vertreten sein, in der Geschäftsleitung zu mindestens 20 %. Während Gegner der Frauenquote vor allem mit hohen Regulierungskosten argumentieren, erwähnen Befürworter die zu erwartenden positiven Auswirkungen auf die Unternehmen. Positive Auswirkungen von Gender-Diversity sind jedoch nur dann zu erwarten, wenn Frauen zusätzliche Kompetenzen in Verwaltungsräte und Geschäftsleitungen einbringen, welche in reinen Männergremien fehlen.

Beatrix Eugster

Quelle

Der nachfolgende Text ist eine Zusammenfassung von: Kim, Daehyun und Laura T. Starks (2016), Gender Diversity on Corporate Boards: Do Women Contribute Unique Skills? American Economic Review 106(5), 267–71.

Diversität in Unternehmensvorständen ist aus verschiedenen Gründen wünschenswert. Einerseits soll Diskriminierung verhindert, und somit die „Chancengleichheit" zwischen Geschlechtern oder auch Nationalitäten gewährleistet

V. Huber (✉)
Universität St. Gallen, St. Gallen, Schweiz
E-Mail: valentine.huber@student.unisg.ch

© Der/die Autor(en) 2018
C. Keuschnigg (Hrsg.), *Inklusives Wachstum und wirtschaftliche Sicherheit*,
https://doi.org/10.1007/978-3-658-21344-2_12

werden. Andererseits wird oft argumentiert, dass Frauen eigene Erfahrungen und Sichtweisen in Unternehmensvorstände mitbringen, von welchen Unternehmen auch wirtschaftlich profitieren können. Trotzdem lag im Jahr 2013 in den U.S.A. der durchschnittliche Anteil von Frauen in Führungspositionen in großen börsenkotierten Unternehmen bei tiefen 14 %. Auch wenn dies eine Verdoppelung gegenüber 1998 darstellt, ist es immer noch eine starke Unterrepräsentation von Frauen, vor allem im Vergleich zu deren Anteil in der Erwerbsbevölkerung, welcher im gleichen Zeitraum immerhin 47 % beträgt.

▶   Im Jahr 2013 lag der durchschnittliche Anteil von Frauen in Führungs-
        positionen in großen börsenkotierten Unternehmen bei tiefen 14 %.

Auch in mittleren und kleinen Unternehmen bestehen mehr als ein Drittel der Unternehmensvorstände ausschließlich aus Männern. Aus diesem Grund haben mehrere OECD Länder Maßnahmen eingeführt, welche die Diversität an den Unternehmensspitzen fördern soll. Beispiele sind die Einführung von Geschlechterquoten oder die Offenbarungspflicht der Geschlechterzusammensetzung in Unternehmensvorständen, verbunden mit einer Erklärungspflicht bei mangelnder Diversität.

Kim und Starks (2016) untersuchen für die U.S.A., wieso Geschlechterdiversität in Verwaltungsräten einen positiven Einfluss auf den Unternehmenswert hat. Frühere Studien haben gezeigt, dass Frauen insbesondere durch bessere Monitoring Kompetenzen auffallen. Ein alternativer möglicher Mechanismus wäre, dass Frauen die Beratungsqualität in Verwaltungsräten verbessern. Es lässt sich folgern, dass zwei Voraussetzungen erfüllt sein müssen, damit Geschlechterdiversität in Verwaltungsräten zu einem höheren Unternehmenswert führt: 1) eine bessere Beratung und Kontrolle des Managements durch das Führungsgremium hat einen positiven Einfluss auf den Unternehmenswert, 2) die Präsenz von Frauen in Verwaltungsräten erhöht die Beratungsqualität.

Während die erste Bedingung gemeinhin als erfüllt angenommen wird, ist die zweite nur dann erfüllt, wenn Frauen andere Kompetenzen in Verwaltungsräte einbringen als Männer. Nur dann erhöht nämlich ein größerer Frauenanteil die Vielfalt der Expertise und somit die Beratungsqualität und den Unternehmenswert. Kim und Starks (2016) testen die Unterschiede zwischen Frauen und Männern in der Expertise für verschiedene funktionale Bereiche anhand von Daten über Verwaltungsräte kleiner und mittlerer Unternehmen aus dem S&P SmallCap 600 Index für die Jahre 2011 bis 2013.

Die Expertise kann in 16 unterschiedliche funktionale Bereiche gruppiert werden: Finanzielle Führung, Fusion und Akquise, Buchhaltung, Internationale Geschäfte, Logistik & operatives Management, Technologie, Marketing, Risikomanagement,

Personalführung, Forschung und Entwicklung, Nachhaltigkeit, Corporate Governance, Einhaltung der gesetzlichen und regulatorischen Vorschriften, Zusammenarbeit von Politik und Staat, sowie Strategie und Organisation.

> ▶ Während neu in den Verwaltungsrat aufgenommene Männer im Schnitt 0,32 zuvor nicht abgedeckte Kompetenzen mit einbringen konnten, lag dieser Wert für Frauen bei 0,53 Kompetenzen.

Zuerst untersuchen die Autoren, ob neu aufgenommene Verwaltungsräte auch neue Kompetenzen ins Unternehmen einbringen. Interessanterweise steigt die Anzahl abgedeckter Kompetenzen im Schnitt nur um 0,35 bei einem neuen Verwaltungsrat. Anders ausgedrückt bringt nur ca. jeder dritte neu aufgenommene Verwaltungsrat eine Expertise ein, welche vorher nicht schon vorhanden war. Während neu aufgenommene Männer im Schnitt 0,32 nicht abgedeckte Kompetenzen einbringen konnten, konnten Frauen 0,53 neue Kompetenzen einbringen.

In einem nächsten Schritt untersuchen Kim und Starks (2016), ob die in den Verwaltungsrat aufgenommenen Frauen eine größere Anzahl an Kompetenzen besitzen als Männer oder ob sie bei gleicher Anzahl andere Bereiche abdecken. Die Resultate zeigen, dass Frauen eine leicht höhere Anzahl von Kompetenzen (4,09) aufweisen als Männer (3,78), dass die Diversität in den Kompetenzen aber wichtiger ist. Frauen weisen mehr Expertise in Bereichen wie Risikomanagement, Personalführung, oder Nachhaltigkeit auf, während Männer sich in Themen wie finanzielle Führung, Fusion und Akquise, oder Technologie besser auskennen.

Damit eine Frau zusätzliche Kompetenzen in den Verwaltungsrat einbringen kann, müssen diese vorab fehlen. In den untersuchten Unternehmen aus dem S&P SmallCap 600 Index decken Verwaltungsratsmitglieder im Schnitt 11 von 16 funktionalen Bereichen ab. Abb. 1 zeigt, wie wahrscheinlich es ist, dass einzelne Bereiche abgedeckt werden. Während „männliche" Bereiche wie finanzielle Führung oder Fusion und Akquise in fast jedem Verwaltungsrat abgedeckt werden, sind eher „weibliche" Bereiche wie Risikomanagement oder Nachhaltigkeit stark untervertreten. Es fällt also auf, dass Frauen nicht nur leicht mehr Kompetenzen besitzen, sondern vor allem diejenigen Kompetenzen, welche üblicherweise in Verwaltungsräten stark unterrepräsentiert sind. Daraus lässt sich folgern, dass mehr Frauen in Verwaltungsräten die Diversität der vertretenen Kompetenzen und somit die Aufsichts- und Beratungsqualität verbessern könnten.

Diversität zahlt sich also für Firmen aus, falls Frauen neue Kompetenzen und Erfahrungen in Verwaltungsräte einbringen. Damit eine höhere Frauenquote erfolgreich ist, müssen Frauen aber gut eingebunden werden, indem ihre individuellen Fähigkeiten und Expertisen objektiv berücksichtigt werden.

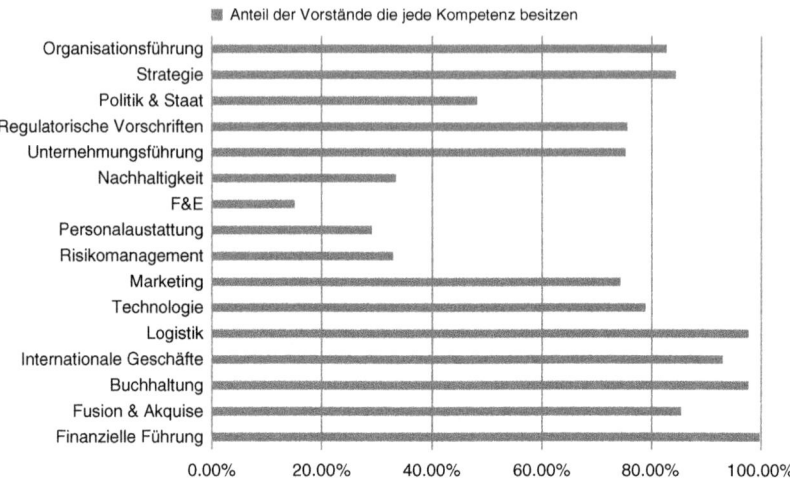

Abb. 1 Abdeckung der unterschiedlichen Kompetenzbereiche eines Unternehmensvorstandes. (Quelle: Kim und Starks, 2016, 270)

Eine gute Erstbehandlung zahlt sich aus

Michael Knuchel

Relevanz

Durchschnittlich hat im Jahr 2014 jeder Einwohner der Schweiz für die Gesundheitsversorgung monatliche Kosten von 726 Franken verursacht (BFS, 2016). Davon fallen ca. 45 % für stationäre Behandlungen an, welche Spitäler sowie Pflege- und Altersheime umfassen. Die Kosten für stationäre Behandlungen sind seit dem Jahr 2000 um ca. 60 % angewachsen. Es stellt sich deshalb die Frage, ob intensivere und damit teurere Behandlungen in den Spitälern gerechtfertigt sind durch eine bessere Versorgung der Patienten. Dieser Frage geht der folgende Artikel anhand von Notfallpatienten in den USA nach.

Beatrix Eugster

Quelle

Der nachfolgende Text ist eine Zusammenfassung von: Doyle Jr., Joseph J., John A. Graves, Jonathan Gruber und Samuel A. Kleiner (2015), Measuring Returns to Hospital Care: Evidence from Ambulance Referral Patterns, Journal of Political Economy 123, 170–214.

In vielen entwickelten Ländern stellen die steigenden Kosten der Gesundheitsversorgung zunehmend ein Problem dar, insbesondere in Zeiten knapper Staatsbudgets. Einen internationalen Spitzenwert erreichen die USA, welche mittlerweile

M. Knuchel (✉)
Universität St. Gallen, St. Gallen, Schweiz
E-Mail: michael.knuchel@student.unisg.ch

© Der/die Autor(en) 2018   89
C. Keuschnigg (Hrsg.), *Inklusives Wachstum und wirtschaftliche Sicherheit*,
https://doi.org/10.1007/978-3-658-21344-2_13

18 % des BIPs für das Gesundheitssystem ausgeben. Davon gehen vier Prozent-punkte auf das Konto von Medicare, die bundesstaatliche Krankenversicherung für über 65-Jährige und Menschen mit Behinderung. Joseph Doyle vom MIT und seine Co-Autoren untersuchen in ihrer Studie anhand von Medicare-Daten, ob Spitäler, welche ihre Patienten einer intensiveren und demnach teureren medizini-schen Behandlung unterziehen, auch bessere Ergebnisse erzielen. Dabei wird das Ergebnis einer Behandlung anhand der Mortalität innerhalb eines Jahres gemessen.

Das Hauptproblem beim Vergleich von Leistungen von Spitälern besteht darin, dass sich die Patienten nicht zufällig auf Spitäler verteilen. Hoch spezialisierte Spitäler wie z. B. Universitätskliniken sind einerseits teurer, behandeln aber ande-rerseits vermehrt schwerkranke Patienten mit einer systematisch tieferen Über-lebenswahrscheinlichkeit. Um die Wirksamkeit von intensiveren Behandlungen zu messen, müssten die Forscher idealerweise Personen mit den genau gleichen medizinischen Voraussetzungen in verschiedenen Spitälern vergleichen. Da aber nicht alle Eigenschaften eines Patienten, welche für den Behandlungserfolg maß-geblich sind, von den Forschern beobachtet werden, ist dies kaum möglich.

▶ Das Hauptproblem zum Beurteilen des Erfolgs medizinischer Behand-lungen besteht in der gezielten Auswahl von Spitälern durch Pati-enten, die sich im Krankheitsgrad und in den Behandlungskosten unterschieden.

Doyle und Co-Autoren nutzen zwei clevere Strategien, um die Problematik der nicht zufälligen Verteilung von Patienten auf Spitäler zu umgehen. Beide Strate-gien haben gemeinsam, dass die Auswahl des Spitals in Notfällen nicht durch den Patienten selbst, sondern durch die Ambulanz bestimmt wird. Die erste Strategie beruht darauf, dass in gewissen Bezirken der USA mehrere Ambulanzdienste par-allel operieren, und dass diese Ambulanzdienste oft eine Präferenz für ein gewisses Spital haben, zu welchem sie ihre Patienten überdurchschnittlich oft hinbringen. Rufen Patienten die Notfallnummer an, so werden sie anhand eines Rotations-prinzips und deshalb unabhängig von ihrer Diagnose oder ihrer Charakteristiken einem der Ambulanzdienste und somit einem der Spitäler zugeteilt. Die zweite Strategie nutzt Daten aus New York, wo pro Gebiet genau ein Notfalldienst ein-geteilt ist. Die Autoren vergleichen Notfallpatienten, welche direkt an der Grenze eines Gebiets wohnen. Da die Eigenschaften der Patienten auf beiden Seiten der Gebietsgrenzen jeweils sehr ähnlich sind, sie aber in unterschiedliche Spitäler gebracht werden, können die Resultate verglichen werden, um den Behandlungs-erfolg eines Spitals zu messen. Die Forscher zeigen für beide Strategien, dass die messbaren Eigenschaften der Patienten über die verschiedenen Notfalldienste hinweg relativ ähnlich sind, während die Spitäler erhebliche Unterschiede in der Behandlungsintensität und in den Medicare-Aufwendungen aufweisen.

▶   Eine Erhöhung der Spitalausgaben pro Patient um US$ 1800 lässt die Mortalität für Patienten, welche per Ambulanz eingeliefert wurden, um 10 % von ca. 37 % auf 33,3 % sinken.

Während bereits die deskriptiven Daten in Abb. 1 auf den Zusammenhang hinweisen, sprechen die Resultate der Studie eine klare Sprache: Eine intensivere Behandlung erhöht die Überlebenswahrscheinlichkeit deutlich. Eine Erhöhung der Ausgaben pro Patient um eine Standardabweichung (ca. US$ 1800) führt zu einer Reduktion der Mortalität um 3,7 Prozentpunkte, oder um 10 % der durchschnittlichen Mortalität. Damit erscheint die Wahl des Spitals als entscheidend für die Überlebenswahrscheinlichkeit. Es gilt allerdings zu beachten, dass diese Resultate nur für Notfallpatienten gelten.

Eine mögliche Interpretation der Studienergebnisse liegt in der Berechnung der Kosten pro gerettetem Lebensjahr. Dazu schauen die Autoren, wie hoch die

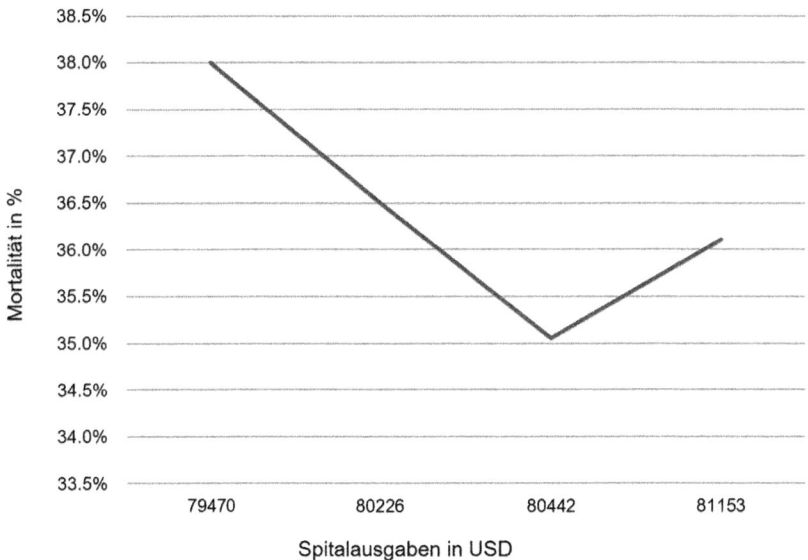

Abb. 1 Zusammenhang zwischen Mortalität (Sterblichkeitsrate innerhalb eines Jahres) und Spitalausgaben. (Quelle: eigene Grafik aus Daten von Doyle u. a., 2015, 191)

Gesamtkosten der Behandlung im ersten Jahr nach dem Notfall sind. Intuitiv kann eine intensivere Erstbehandlung zu tieferen oder höheren Gesamtkosten im ersten Jahr führen. Einerseits überleben mehr Personen mit schwerwiegenden gesundheitlichen Beeinträchtigungen, welche ihrerseits eine teure Langzeitbehandlung erfordern. Andererseits kann eine intensive Erstbehandlung dazu führen, dass weniger Nachfolgebehandlungen notwendig sind. Die Autoren finden, dass eine Zunahme der Kosten der ersten Behandlung um 10 % die Gesamtkosten innerhalb des ersten Jahres nur um 6 % oder US$ 1500 erhöht. Damit könnten die Gesamtkosten pro gerettetem Lebensjahr auf etwa US$ 80.000 beziffert werden. Es besteht deshalb eine erhebliche Rendite auf intensiven medizinischen Behandlungen, da der „Standardwert eines Lebensjahres" in der ökonomischen Literatur typischerweise auf US$ 100.000 bis US$ 200.000 geschätzt wird.

▶ Eine intensivere Erstbehandlung zahlt sich aus. Die Gesamtkosten eines zusätzlichen Lebensjahres nach Einlieferung in ein Spital aufgrund eines Notfalls betragen US$ 80.000 und sind somit signifikant tiefer als der „Standardwert eines Lebensjahres" von US$ 100.000 bis US$ 200.000.

Die Studie trägt damit zur existierenden Literatur bei, welche untersucht, ob höhere Ausgaben im Gesundheitswesen durch bessere Resultate gerechtfertigt sind. Dies ist demnach deutlich zu bejahen. Eine wichtige Einschränkung ist, dass sich die Resultate auf Patienten beschränken, welche durch eine Ambulanz für Notfälle ins Spital geliefert werden.

Teil IV
Forschung und Innovation

Universitäre Forschung und private Innovation

Brigitte Tschudi

Relevanz

Mit ihren Kernaufgaben in Forschung und Lehre ermöglichen die Universitäten Wachstum durch Innovation. Sie bilden die Studierenden an der Grenze der Forschung aus und versorgen die Privatwirtschaft mit international konkurrenzfähigem F&E-Personal. In der Grundlagenforschung erarbeiten sie neues Wissen und legen den Grundstein für viele mögliche Anwendungen und Innovationen. Ein steter Wissenstransfer von den Universitäten in den privaten Sektor ist jedoch bei weitem nicht selbstverständlich. Die Forscher müssen Zeit und großen Aufwand tätigen, um neue Anwendungen zu erschließen und Patente zu entwickeln. Diese Investitionen fehlen dann wieder in der Lehre und Grundlagenforschung. Damit die Ergebnisse der universitären Forschung für private Innovationen nutzbar werden, muss sich der Aufwand lohnen. Gute Rahmenbedingungen für den Wissenstransfer müssen daher Anreize für die Forscher setzen, Aufwand in die Entwicklung neuer Anwendungen und Patente zu lenken.

Christian Keuschnigg

Quelle

Der nachfolgende Text ist eine Zusammenfassung von: Hvide, Hans K. und Benjamin F. Jones (2016), University Innovation and the Professor's Privilege, NBER Working Paper No. 22.057, 1–66.

B. Tschudi (✉)
Universität St. Gallen, St. Gallen, Schweiz
E-Mail: brigitte.tschudi@student.unisg.ch

95

Innovationen schieben die technologische Grenze hinaus, steigern die Produktivität und sind ein mächtiger Treiber des Wirtschaftswachstums. Eine bedeutende Rolle im Innovationsprozess spielen die Universitäten. Die dort beschäftigten Wissenschaftler schaffen durch ihre Forschungsarbeit neues Wissen. Sie transferieren dieses Wissen in die Wirtschaft, indem sie neues F&E-Personal ausbilden, Start-ups gründen oder mit Lizenzen und Patenten mithelfen, die Erkenntnisse der Grundlagenforschung für private Innovationen zu erschließen und zu kommerzialisieren. Universitäten sind die Geburtsstätte zahlreicher innovativer Ideen. Aufgrund der zentralen Rolle der Innovation für das Wachstum haben Forschungs- und Technologiepolitik in den meisten Ländern höchste Priorität auf der wirtschaftspolitischen Agenda. Regierungen versuchen mit verschiedenen Maßnahmen, die Forschung im Allgemeinen und den Technologietransfer von den Universitäten in die Privatwirtschaft im Speziellen zu fördern.

Die Autoren untersuchen in ihrer Studie eine spezielle Maßnahme, die den Technologietransfer stark beeinflussen kann. Konkret analysieren sie, wie sich in Norwegen die Abschaffung der sogenannten „Professorenbeteiligung" an den finanziellen Erträgen der universitären Forschung („Professor's Privilege") im Jahr 2003 auf die Anzahl und die Qualität von Startups und von Patenten universitärer Forscher ausgewirkt hat. Aufgrund dieses Privilegs genossen Forscher, die an Universitäten angestellt waren, umfassende Rechte an den von ihnen geschaffenen Innovationen und insbesondere an den Einkünften aus Start-ups und Patenten. Mit der Abschaffung der Professorenbeteiligung wurden diese Rechte jedoch an die Universitäten übertragen, die nun zwei Drittel der Nettoeinnahmen behalten dürfen. Bislang hatten Forscher die gesamten Einnahmen erhalten. Mit einer stärkeren Beteiligung der Universitäten an den Forschungserlösen sollte die Reform die Kommerzialisierung der universitären Forschung fördern. Die empirische Evidenz zeigt jedoch das genaue Gegenteil.

▶   Norwegen hat 2003 die Beteiligung der Wissenschaftler an den finan-
     ziellen Erträgen ihrer Forschung abgeschafft und die Einnahmen den
     Universitäten übertragen.

Die Autoren nutzen für ihre Studie einen umfassenden Datensatz über neu geschaffene Firmen und Patente sowie deren Gründer bzw. Erfinder. Von den 48.844 Start-ups, die im Zeitraum zwischen 2000 und 2007 in Norwegen gegründet wurden, stammten 128 aus den Universitäten. Universitäre Start-ups zeichnen sich durch eine höhere Überlebenswahrscheinlichkeit aus, weisen allerdings weniger Mitarbeitende sowie einen geringeren Umsatz und Gewinn auf. Zudem konnten zwischen 1995 und 2010 750 Patentanmeldungen durch 431 universitäre Forschende verzeichnet werden. Im Vergleich dazu wurden in ganz Norwegen 7341 Patente von 6890 Erfindern angemeldet.

Bereits die beschreibende Statistik lässt auf einen negativen Zusammenhang zwischen der Abschaffung der Professorenbeteiligung und der Anzahl von Start-ups schließen. Während die Zahl der neugegründeten, nicht-universitären Start-ups im Untersuchungszeitraum ungefähr konstant blieb, ist ein erheblicher Rückgang bei universitären Neugründungen auszumachen. So sank die Zahl der universitären Start-ups von durchschnittlich 24,7 vor der Reform (2000–2002) auf durchschnittlich 10,8 universitäre Start-ups pro Jahr danach (2003–2007). Dies entspricht einem Rückgang von 56 %. Dieser negative Zusammenhang wird durch verschiedene Regressionen bestätigt. Die Autoren schätzen beispielsweise, dass die Anzahl der Start-ups, welche universitätsangehörige Forscher (PhD-Absolventen) im Durchschnitt gründen, infolge der Reform zwischen 49 % und 67 % sinkt. Zwar sind diese Resultate auf Basis aggregierter Daten mit Vorsicht zu interpretieren, da sie auf nur 16 Beobachtungen beruhen, jedoch zeigen individuelle Daten, welche dagegen in sehr großer Zahl vorliegen, ähnliche Ergebnisse. So sinkt die Wahrscheinlichkeit, dass ein universitätsangehöriger Forscher ein Unternehmen gründet, um rund 63 %.

▶ Die Zahl universitärer Neugründungen sank von durchschnittlich 24,7 pro Jahr vor der Reform auf 10,8 danach. Das ist ein Rückgang von 56 %. Die Reform senkt die Wahrscheinlichkeit, dass ein universitärer Forscher ein Unternehmen gründet, um ca. 63 %.

Der erwähnte Rückgang bei den universitären Neugründungen könnte zwei Gründe haben. Forscher, die ihre Innovationen kommerzialisieren, könnten die Universitäten häufiger verlassen, so dass ihre Gründungen nicht mehr als universitär zählen, oder die an den Universitäten verbleibenden Forscher könnten weniger kommerzialisierbare Innovationen schaffen. Die Autoren zeigen, dass nicht der Weggang der Forscher für den beobachteten Rückgang verantwortlich gemacht werden kann, sondern die geringere Neigung an den Universitäten, Zeit und Aufwand in die Kommerzialisierung der Forschung zu stecken. Zudem kommen die Wissenschaftler zum Schluss, dass die Reform auch die Qualität der

Neugründungen beeinträchtigte. So sank z. B. die Überlebenswahrscheinlichkeit universitärer Start-ups um 15 Prozentpunkte. Ein statistisch signifikanter Rückgang konnte zudem bei deren Umsatz beobachtet werden. Schließlich gingen die universitären Neugründungen im Hightech-Bereich deutlich zurück.

Ähnliche Ergebnisse zeigen sich auch bei der Zahl der Patente an den Universitäten. Im Vergleich zu den nicht-universitären Patentanmeldungen gehen die gesamten Patentanmeldungen einer Universität um 20 und jene eines universitätsangehörigen Forschers um 48 % zurück. Dies geht mit einer Verringerung der Wahrscheinlichkeit einher, dass ein Forscher an einer Universität ein Patent entwickelt. Die Abschaffung der Professorenbeteiligung reduziert diese Wahrscheinlichkeit um 4,5 Prozentpunkte. Wie vorhin konnten die Autoren nachweisen, dass dieser Rückgang nicht darauf zurückgeht, dass besonders aktive Forschende ihre Universitätsanstellung aufgegeben haben. Der Grund liegt vielmehr darin, dass die an den Universitäten verbleibenden Forscher nach der Reform wesentlich seltener Patente entwickelten. Die ungünstige Anreizwirkung der Reform mindert auch die Qualität der universitären Patente, gemessen an der Anzahl ihrer Zitationen. Die Häufigkeit, dass ein Patent genannt wird, geht um rund 25 % zurück, was einer durchschnittlichen Abnahme von 2,2 Nennungen entspricht.

▶   Nach der Abschaffung des Professorenanteils gingen die gesamten
     Patentanmeldungen einer Universität um 20 % und jene eines univer-
     sitären Forschers um 48 % zurück.

Die empirischen Ergebnisse deuten darauf hin, dass die Abschaffung der Professorenbeteiligung in Norwegen das genaue Gegenteil des beabsichtigten Effektes zur Folge hatte. Das Ausmass der Kommerzialisierung sowie deren Qualität sanken beträchtlich. Finanzielle Anreize sollten nicht bei der Universität als Ganzes, sondern bei den einzelnen Forschern ansetzen, die Zeit und Aufwand von ihren anderen Aufgaben in Forschung und Lehre abzweigen und in die Kommerzialisierung ihrer Forschungsergebnisse stecken müssen.

Die Ergebnisse stützen auch die Idee, dass Eigentumsrechte für die Entstehung von Innovationen bedeutend sind. Oft wird angenommen, dass Wissenschaftler in einer universitären Umgebung sich weniger von rein finanziellen Anreizen leiten lassen und eine größere Bereitschaft an den Tag legen, die Früchte ihrer Arbeit mit der Öffentlichkeit zu teilen. Aber auch an den Universitäten bringt eine

Schwächung der Eigentumsrechte eine starke Abnahme der davon betroffenen Forschungsaktivitäten mit sich. Wer also mehr Technologietransfer haben will, muss das Interesse der in Frage kommenden Forscher wecken, kommerzialisierbare Anwendungen zu erschließen, und sie am Erfolg dieser Aktivitäten beteiligen.

Können Steueranreize Innovationen steigern?

Vera Trautwein

Relevanz

Innovationen schaffen Qualitäts- und Kostenvorteile, mit denen Unternehmen rascher wachsen. Länder mit vielen F&E-intensiven Unternehmen spezialisieren sich auf wertschöpfungsintensive Branchen, bleiben trotz hoher Löhne wettbewerbsfähig und erzielen robusteres Wachstum. Private F&E schafft Wissen und Know-How, das nicht nur den eigenen Erfolg stärkt, sondern auch anderen Firmen nützt. Die zusätzlichen Erträge für andere rechtfertigen Innovationsförderung mit Steuererleichterungen, aber nur, wenn sie tatsächlich mehr Forschung anstoßen. Nur dann steht den Kosten für die Staatsfinanzen ein ausreichender gesamtwirtschaftlicher Nutzen gegenüber.

Christian Keuschnigg

Quelle

Der nachfolgende Text ist eine Zusammenfassung von: Dechezleprêtre, Antoine, Elias Einiö, Ralf Martin, Kieu-Trang Nguyen und John Van Reenen (2016), Do Tax Incentives for Research Increase Firm Innovation? An RD Design for R&D, NBER Working Paper Series Nr. 22405.

Innovationen steigern den Unternehmenserfolg und schieben das Wirtschaftswachstum an. Deshalb greifen Staaten zu Steueranreizen und direkten Subventionen,

V. Trautwein (✉)
Universität St. Gallen, St. Gallen, Schweiz
E-Mail: vera.trautwein@student.unisg.ch

© Der/die Autor(en) 2018

C. Keuschnigg (Hrsg.), *Inklusives Wachstum und wirtschaftliche Sicherheit*,
https://doi.org/10.1007/978-3-658-21344-2_15

101

um private *Forschung und Entwicklung (F&E)* zu fördern. Zuletzt sind Steuererleichterungen häufiger geworden, da sie die administrativen Belastungen der
Unternehmen im Vergleich zu den aufwendigen Antragsverfahren bei Subventionen senken. Führen jedoch kostspielige Steuervergünstigungen wirklich zu
mehr Innovation? Das Forscherteam um John Van Reenen untersucht, wie F&E-
Ausgaben und Patentanmeldungen auf Steueranreize reagieren.

Großbritannien gewährt seit dem Jahr 2000 Steuervergünstigungen für
F&E. Große Unternehmen können 125 % ihrer F&E Ausgaben vom steuerba-
ren Gewinn abziehen. *Kleine und mittlere Unternehmen (KMU)* werden mit
einem Steuerabzug von 150 % deutlich stärker entlastet. Erzielt ein KMU keinen
Gewinn, erhält es eine zahlbare Steuergutschrift in Höhe von 16 % der F&E-Aus-
gaben. Es ist jedoch schwierig, den kausalen Effekt solcher Steueranreize auf
F&E zu isolieren, weil steuerliche Maßnahmen oft zeitgleich mit anderen Veränderungen stattfinden, welche ebenfalls die F&E-Aktivitäten beeinflussen. Die
Forscher untersuchen deshalb eine Reform der F&E-Förderung im Jahr 2008,
welche die Größenschwelle für KMU angehoben hat. Damit konnten zusätzliche
Firmen die höheren F&E-Steueranreize nutzen, die für KMU zutreffen. Ob ein
Unternehmen als KMU eingestuft wird, hängt von Mitarbeiterzahl, Vermögens-
werten und Umsatz ab. Im August 2008 fand eine Anpassung dieser Definition
statt. So wurden die maximalen Vermögenswerte eines Unternehmens, um als
KMU zu gelten, von 43 auf 86 Mio. € angehoben. Zudem hat die Regierung die
F&E-Steuerabsetzbeträge für KMU von 150 auf 175 % und für Großunternehmen
von 125 auf 130 % angehoben.

▶   Großbritannien hat mit der Reform von 2008 die steuerliche Abzugs-
    fähigkeit von F&E-Ausgaben erhöht und den Kreis der anspruchs-
    berechtigten KMU ausgedehnt. Heute können KMU 175 % und
    Großunternehmen 130 % der F&E-Ausgaben von der Steuer absetzen.

Abb. 1 dokumentiert, dass die F&E-Ausgaben in % des BIP in Großbritannien
seit den 80er Jahren deutlich gesunken sind. Die Unternehmen geben heute
wesentlich weniger für private F&E aus als ihre Konkurrenten in den U.S.A.,
Deutschland und Frankreich, aber mehr als in Italien. Das Forscherteam unter-
sucht nun, ob Unternehmen, die mit der Anhebung der Schwelle neu in den
Genuss höherer Steueranreize gekommen sind, ihre Patentanmeldungen und
F&E-Ausgaben nach 2008 stärker erhöht haben als andere Firmen. Nach ihren
Schätzungen konnte der Ausbau der Steuervergünstigungen den Rückgang der
F&E-Aktivitäten britischer Unternehmen im Vergleich zu anderen Ländern deut-
lich verringern (vgl. Abb. 1).

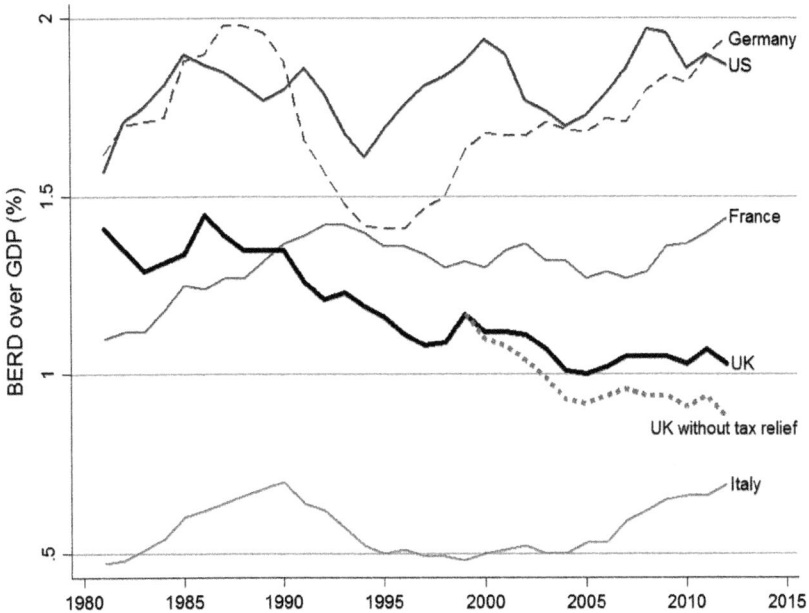

Abb. 1 F&E Ausgaben von Unternehmen (in % des BIP). (Quelle: Dechezleprêtre u. a., 2016, 34)

Die Abb. 1 zeigt die F&E-Ausgaben von Unternehmen (BERD) in % des BIP. Die gepunktete Linie zeigt die geschätzten F&E-Ausgaben in Großbritannien, die ohne einen Ausbau der Steuerbegünstigung stattgefunden hätten.

Konkret untersuchen die Wissenschaftler Daten von 5888 britischen Unternehmen für den Zeitraum von 2006 bis 2011. Die Firmen verfügten vor der Reform 2008 über Aktiva von 61 bis 111 Mio. €. Jene, deren Vermögenswerte unter den Schwellenwert von 86 Mio. € fallen, wurden durch die Reform neu als KMU klassifiziert und kamen ab 2008 in Genuss der Steueranreize. Um den Effekt der Reform zu schätzen, vergleichen die Forscher die F&E-Aktivitäten dieser Firmen mit jener von etwas größeren Unternehmen gerade oberhalb der neuen KMU-Schwelle. Sie können damit ähnliche Unternehmen beobachten, die sich nur darin unterscheiden, ob sie von den Steueranreizen profitieren oder nicht. Mit dem Vergleich dieser Firmen können sie den kausalen Effekt der Steuerreform auf F&E ermitteln.

Vor der Reform beliefen sich die durchschnittlichen F&E-Ausgaben eines Unternehmens auf £ 72.300. Die Reform hat die Ausgaben um £ 75.300 gesteigert und somit mehr als verdoppelt. Dieser Effekt ist statistisch signifikant und überaus stark. Stammen die zusätzlichen Ausgaben von Unternehmen, die ohne Reform keine F&E betrieben hätten und nun erstmals aktiv wurden? Oder vielmehr von jenen, die auch ohne Reform in F&E investiert hätten? Die Forscher finden, dass die Reform den größten Effekt dort hatte, wo bereits vorher hohe F&E-Investitionen getätigt wurden.

▶   Durch die Steuerreform hat sich F&E in den betroffenen Firmen ungefähr verdoppelt. Der Effekt ist stärker bei Unternehmen, die vorher schon F&E betrieben haben.

Ähnliches zeigt sich bei Patentanmeldungen. Vor der Reform meldete ein durchschnittliches Unternehmen 0,06 Patente pro Jahr an, nachher kamen 0,035 hinzu, das entspricht einer Steigerung der Patente um 58 %. Dieser Effekt ist statistisch signifikant und ökonomisch sehr bedeutend. Ein möglicher Einwand ist, dass die Steuerreform eventuell zu qualitativ schlechteren Innovationen geführt haben könnte. Die Autoren zeigen, dass ein solcher Nebeneffekt unwahrscheinlich ist. Ein beim Europäischen Patentamt registriertes Patent ist sechsmal so teuer wie ein britisches Patent, aber auch wesentlich wertvoller. Ein europäisches Patent entspricht einer ganzen Patentfamilie, weil es in allen Ländern der EU gleichzeitig registriert und geschützt ist, und hat daher eine höhere Qualität. Die Untersuchung zeigt, dass beide Patenttypen mit dem gleichen Faktor 1,2 zugenommen haben. Ebenso erhöhte sich die Größe einer Patentfamilie durch die Reform, was ebenfalls auf bessere Qualität hindeutet. Patente in der Chemieindustrie sind besonders wertvoll. In der Chemie zeigte sich sogar ein stärkerer Effekt der Reform als in anderen Branchen. Es gibt also kaum Anzeichen für Mitnahmeeffekte. Die Unternehmen haben die Reform nicht ausgenutzt, indem sie willkürlich Tätigkeiten als F&E bezeichneten, nur um von der Steuervergünstigung zu profitieren. Die Innovationsqualität ist eher gestiegen.

▶   Die Steueranreize haben bei gleich bleibender Qualität der Innovationen die Zahl der Patente um 58 % gesteigert.

Steuervergünstigungen senken die privaten F&E-Kosten. Die Forscher schätzen eine Steuerpreiselastizität von 2,6. Demnach steigen die F&E-Investitionen um 2,6 %, wenn die Kosten nach Einrechnung des Steuervorteils um 1 % sinken. Andere Studien kommen typischerweise auf Werte zwischen eins und zwei.

Dieser Unterschied dürfte damit zu erklären sein, dass der Datensatz zahlreiche kleinere Firmen enthält. Kleinere Unternehmen haben es schwerer, an Kredite zu kommen und ihre F&E-Aktivitäten zu finanzieren. Deshalb reagieren sie stärker auf Steuererleichterungen und steigern die F&E-Aktivitäten relativ mehr. Um diesen Unterschied herauszuarbeiten, spalten die Wissenschaftler die Stichprobe nach Firmenalter auf und schätzen bei jüngeren Firmen mit 4,7 eine wesentlich höhere Steuerpreiselastizität als bei älteren mit 1,6.

▶   Steuerliche Vorteile senken die privaten F&E-Kosten. Sinken diese Kosten um 1 %, steigen die F&E-Investitionen um 2,6 %.

Auf Basis ihrer Schätzungen berechnen sie schließlich, wie viel zusätzliche F&E der Einsatz von einem britischen Pfund an Steuergeldern auslöst. Sie fassen KMU und Großunternehmen zusammen und stellen den durchschnittlichen Zuwachs von F&E-Ausgaben von £ 1,64 Mrd. pro Jahr den entgangenen Steuereinnahmen von £ 0,96 Mrd. gegenüber. Das ergibt ein Preis-Leistungs-Verhältnis von rund 1,7 und bedeutet, dass eine Steuerentlastung von £ 1 rund £ 1,7 an neuer F&E ausgelöst hat. Die F&E-Ausgaben wären also ohne Reform deutlich niedriger gewesen.

Ein Wachstumsschub Dank F&E-Förderung

Gerald Gogola

Relevanz

Innovation ist der wichtigste Wachstumstreiber. Mit Innovation bauen die Unternehmen ihre Wettbewerbsfähigkeit aus und steigern ihren Umsatz. Sie stiftet Nutzen auch für andere Firmen, die auf neues Wissen und vorhandene Erfahrungen aufbauen können. Da auf dem Markt für solche zusätzlichen, externen Erträge nicht gezahlt wird, rechnet sich private F&E zu wenig. Die Unternehmen investieren weniger als es für die Gesamtwirtschaft sinnvoll wäre. Für solche externen Erträge zu kompensieren, ist die zentrale Begründung für die Innovationsförderung. Fiskalische F&E-Förderung rechnet sich für den Staat aber nur, wenn sie mehr F&E-Ausgaben anstößt als sie den Steuerzahler kostet. Die Frage der Wirtschaftspolitik an die Wissenschaft lautet also: Wie wirksam ist staatliche F&E-Förderung?

Christian Keuschnigg

Quelle

Der nachfolgende Text ist eine Zusammenfassung von: Howell, Sabrina T. (2017), Financing Innovation: Evidence from R&D Grants, American Economic Review 107(4), 1136–1164.

Innovationen schaffen Qualitäts- oder Kostenvorteile und steigern die Wettbewerbsfähigkeit. Unternehmen wachsen schneller und schaffen mehr Jobs. Je mehr

G. Gogola (✉)
Wirtschaftsuniversität Wien, Wien, Österreich
E-Mail: gerald.gogola@s.wu.ac.at

107

Unternehmen F&E-aktiv sind und je ehrgeiziger sie in F&E investieren, desto robuster wächst auch die Gesamtwirtschaft. Soll also der Staat die innovativen Unternehmen unterstützen? Wenn ja, wie?

Sabrina T. Howell beantwortet in ihrer neuen Forschungsarbeit diese und ähnliche Fragen. Dazu verwendet sie Daten des *Small Business Innovation Research* (SBIR) Programms des US-amerikanischen Energieministeriums von 1995 bis 2013. Das SBIR ist das größte Förderprogramm in den USA und investiert jährlich etwa $ 2,2 Mrd. in High-Tech Unternehmen. Es besteht aus zwei Phasen. Phase 1 besteht aus einer wettbewerblich vergebenen Förderung von $ 150.000. Anschließend können sich Unternehmen, die erfolgreich an Phase 1 teilgenommen haben, für Phase 2 bewerben. Danach haben die Firmen die Chance, eine Förderung von $ 1 Mio. zu erhalten, die zwei bis drei Jahre nach Phase 1 ausbezahlt wird. Folglich sind die Unternehmen schon etwas älter, wenn sie an Phase 2 teilnehmen. Diese Struktur des Förderprogramms ermöglicht es, junge und ältere Unternehmen in ihrer Entwicklung zu vergleichen.

Besonderes Augenmerk richtet Howell auf das Risikokapital. Wagnisfinanziers sind auf die Finanzierung junger und hoch riskanter Unternehmen spezialisiert und tragen wesentlich zur Professionalisierung ihrer Beteiligungsfirmen bei. Sie wählen aus vielen Kandidaten nur wenige, besonders innovative Unternehmen aus, stellen ein Netzwerk an Geschäftskontakten zur Verfügung und bringen neue Technologien schneller auf den Markt, um das Wachstumspotential zu steigern. Daher ist es ein Ziel des SBIR, private Geldgeber zu mobilisieren.

▶ Die staatliche Förderung junger Unternehmen im SBIR Programm steigert die Wahrscheinlichkeit, zusätzliches privates Wagniskapital zu erhalten, um 100 %.

Junge Unternehmen, die eine Phase 1 Förderung erhalten, haben eine höhere Chance auf Wagniskapital. Die Forscherin schätzt, dass nach einer Förderung die Wahrscheinlichkeit, Wagniskapital zu erhalten, sprunghaft von 10 % auf 20 % ansteigt. Das ist eine Zunahme um 100 %. Nach Abb. 1 hängt dieser Effekt kausal von der Förderung ab. Die X-Achse reiht die Unternehmen nach der Qualität ihrer Fördergesuche. Der Wert 0 trennt die Firmen, die eine Förderung erhalten haben, von jenen, die mit ihrem Gesuch nicht erfolgreich waren. Unternehmen mit der Reihung −1 haben die Förderung bei der Ausschreibung knapp nicht erhalten. Jene mit dem Rang +1 wurden gerade noch gefördert. Abgesehen von der Förderung sind diese Unternehmen sehr ähnlich, so dass man durch den Vergleich die Auswirkung der Förderung auf den Unternehmenserfolg besser isolieren kann. Der linke Teil der Abbildung listet die Firmen vor dem Förderentscheid

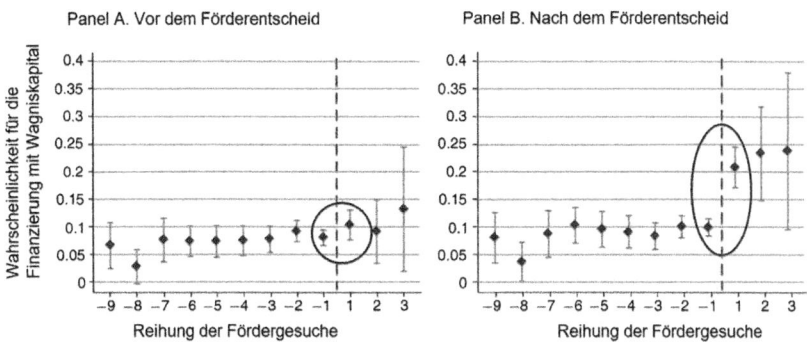

Abb. 1 Wahrscheinlichkeit für den Erhalt von Wagniskapital vor und nach dem Förderentscheid. (Quelle: Howell, 2017, 1147)

auf, so dass noch nicht bekannt ist, wie erfolgreich die Bewerbung später sein wird. Zu diesem Zeitpunkt unterscheiden sie sich noch kaum in ihrer Fähigkeit, Risikokapital zu erhalten. Dagegen vergleicht der rechte Teil dieselben Unternehmen nach dem Förderentscheid. Die Wahrscheinlichkeit, Wagniskapital zu erhalten, steigt nach einem positiven Bescheid im Vergleich zu den nicht-geförderten Unternehmen auf das Doppelte an.

Die staatliche Förderung der Phase 1 beeinflusst nicht nur die Wahrscheinlichkeit, sondern auch den Umfang der Wagnisfinanzierung. Howell errechnet, dass nach der Förderung die Höhe der Wagnisfinanzierung um 100 % steigt. Würde ein Wagnisfinanzier z. B. $ 100.000 in ein nicht-gefördertes Unternehmen investieren, wäre sie/er bereit, im Falle einer staatlichen Unterstützung mehr, nämlich bis zu $ 200.000, bereitzustellen. Die staatliche Unterstützung der Phase 1 führt also dazu, dass mehr private Kapitalgeber mit größeren Beträgen in junge, innovative Unternehmen investieren. Aufgrund der gewährten Förderungen des SBIR Programms kommen etwa 2,4 zusätzliche Finanzierungsverträge zustande.

Die Innovationskraft ist statistisch oft schwer fassbar. Eine Möglichkeit sind Patente. Sie schützen geistiges Eigentum. Sie sind ein sichtbares Zeichen für die Innovationsfähigkeit und lösen oft einen Entwicklungsschub aus, der mit mehr wirtschaftlicher Wertschöpfung und höheren Renditen an der Börse einhergeht. Je öfter Patente von anderen Marktteilnehmern zitiert werden, desto einflussreicher und wichtiger sind sie. Howell gewichtet daher die Patente nach der Anzahl der Zitate. Bedeutende Innovationen erhalten ein höheres Gewicht als Patente, die keine Relevanz für andere haben. So kann die Qualität der Patente miteinbezogen werden. Durchschnittlich haben Unternehmen, die eine Phase 1 Förderung des

SBIR-Programms beantragen, 21 Patente angemeldet. Eine Förderung erhöht die
Anzahl um ein Vielfaches, laut Howell um 250 %, also durchschnittlich um etwa
52 Patente. Die Phase 1 Förderung hat demnach einen sehr starken Effekt auf die
Innovationskraft der Unternehmen.

▶   Unternehmen in der Phase 1 des SBIR-Programms halten im Durch-
    schnitt 21 Patente. Eine Förderung erhöht die Zahl der Patentanmel-
    dungen um etwa den Faktor 2,5.

Unternehmen, die nicht wettbewerbsfähig sind, müssen aus dem Markt ausscheiden. Das hat negative Folgen für die Region, weil Einkommen und Arbeitsplätze
verloren gehen und Vermögen vernichtet wird. Die Überlebensrate im untersuchten Datensatz liegt durchschnittlich bei 67 %. Eine Förderung in der Phase 1 des
SBIR Programms kann die Überlebensrate der Unternehmen um 12 bis 14 Prozentpunkte, also um etwa ein Fünftel, steigern. Die staatliche Unterstützung gibt
den jungen, innovativen Unternehmen einen Entwicklungsschub, der auch ihre
Widerstandskraft stärkt, und trägt damit zur wirtschaftlichen Stabilität bei.

   Die Förderung der Phase 2 beträgt $ 1 Mio. und damit mehr als sechs Mal so
viel wie die Förderung in Phase 1. Da sie üblicherweise 2 bis 3 Jahre nach der
Phase 1 ausbezahlt wird, richtet sie sich an etwas ältere Unternehmen. Howell
stellt fest, dass diese Förderung die Zahl der gewichteten Patente verdoppelt. Da
Unternehmen vor der Förderung durchschnittlich 20 Patente angemeldet haben,
bedeutet dies 20 zusätzliche Patente. Das ist zwar eine Verdoppelung, bleibt
aber deutlich geringer als die in Phase 1 erzielte Wirkung. Ansonsten ergeben
sich keine weiteren signifikant positiven Auswirkungen. Die hohen Förderungen
beeinflussen weder die Fähigkeit, Risikokapital aufzutreiben, noch die Überlebensrate der Unternehmen.

▶   Die Förderungen der Phase 2 des SBIR Programms gehen an ältere
    Unternehmen. Sie haben keinen signifikanten Einfluss auf die Finan-
    zierung mit Risikokapital und auf die Überlebensrate. Sie steigern die
    Zahl der Patente um das Doppelte, das ist aber deutlich weniger als in
    Phase 1.

Wäre es also nicht sinnvoller, das Steuergeld anders einzusetzen? Die Forscherin
befragte die geförderten Unternehmen, für welche Zwecke sie die Fördermittel
ausgeben. Fördernehmer der Phase 2 gaben vorwiegend an, die Gelder für Fix-
und Personalkosten (63 %) zu verwenden. Im Gegensatz dazu setzten die Fördernehmer der Phase 1 die erhaltenen Mittel vor allem für Grundlagenforschung

(71 %) und Erprobung neuer Technologien (65 %) ein. Im Sinne des Staates, neue Ideen und Technologien fördern zu wollen, wirkt die Förderung in Phase 1 viel treffgenauer. Howell schlägt daher vor, die Förderung auf junge hochinnovative Unternehmen zu konzentrieren. Weil die Förderung der Phase 1 wirksamer ist und schon kleinere Beträge ausreichen, könnten mehr Unternehmen gefördert werden. Für 2012 rechnet sie vor, dass mit einer Umschichtung der Ausgaben von $ 112 Mio. von der Phase 2 auf die Förderung junger Firmen in der Phase 1 zusätzlich 750 Unternehmen von den positiven staatlichen Anreizen profitieren hätten können. Die Wirkung des Programms auf die Zahl der Patente und der Wagnisfinanzierungen wäre um den Faktor 2,5 und 3,1 höher ausgefallen.

Teil V
Unternehmen, Management und industrieller Wandel

Wie Manager mit Personalpolitik den Erfolg steigern

David Bader

Relevanz

Jedes Schiff braucht einen erfahrenen Kapitän, und jedes Unternehmen ein fähiges Management. Was tun Manager, um ein Unternehmen zum Erfolg zu steuern? Sie entwickeln die Strategie, positionieren das Unternehmen gegenüber der Konkurrenz, sorgen für effiziente Abläufe in Produktion und Vertrieb, und setzen im Innovationsprozess auf profitable, zukünftige Geschäftsfelder. Doch nichts läuft ohne das Engagement und die richtige Qualifikation der Belegschaft. Deshalb ist die Entwicklung des Humankapitals im Unternehmen so entscheidend.

Christian Keuschnigg und Michael Kogler

Quelle

Der nachfolgende Text ist eine Zusammenfassung von: Bender, Stefan, Nicholas Bloom, David Card, John Van Reenen und Stefanie Wolter (2018), Management Practices, Workforce Selection and Productivity, Journal of Labor Economics 36, no. S1: S371–S409.

Wie trägt Management zum Unternehmenserfolg bei? Die Studie von David Card, John Van Reenen und ihrem Team zeigt, wie fortschrittliche Managementmethoden und -praktiken die Produktivität steigern. Gut geführte Unternehmen stellen ganz gezielt die besser qualifizierten Mitarbeiter und Manager ein und binden

D. Bader (✉)
Universität St. Gallen, St. Gallen, Schweiz
E-Mail: david.bader@student.unisg.ch

115

diese langfristig an sich. Die Forscher stützen sich auf den „World Management Survey" (WMS). Dieser quantifiziert seit 2002 anhand von Interviews die Qualität des Managements. Die Befragten stufen die Managementqualität eines Unternehmens (Management Score) in einer Skala von 1 (schlecht) bis 5 (gut) ein. Die Skala macht damit die Qualität von Führungspraktiken in verschieden Ländern und Branchen vergleichbar. Die Wissenschaftler untersuchen einen Datensatz von 365 mittelgroßen deutschen Unternehmen mit 50 bis 5000 Mitarbeitern im Zeitraum von 2004 bis 2009. Zudem verknüpfen sie diese Daten mit der „Integrierten Erwerbsbiografie Datenbank", um mitarbeiterspezifische Informationen wie z. B. Alter, Geschlecht, Ausbildung oder der mittlere Tageslohn zu berücksichtigen.

Das Ziel der Untersuchung ist, den Zusammenhang zwischen Produktivität, Management, Mitarbeiterfähigkeiten und Bezahlung aufzuzeigen. Die Forscher gehen davon aus, dass besser geführte Firmen tendenziell fähigere Mitarbeiter einstellen und Maßnahmen treffen, um sie langfristig an sich zu binden. Die Personalauswahl trägt maßgeblich zu einer höheren Produktivität bei und steigert den Unternehmenserfolg. Bereits die beschreibende Statistik weist auf einen stark positiven Zusammenhang zwischen der Management Skala und der Arbeitsproduktivität hin. Da man aber Korrelation nicht mit Kausalität gleichsetzen kann, bleibt zu klären, durch welche Kanäle gutes Management die Produktivität erhöht. Gut geführte Unternehmen verfügen tendenziell über besser qualifizierte Angestellte. Abb. 1 zeigt die Gehalts- und Fähigkeitsverteilung des Personals in

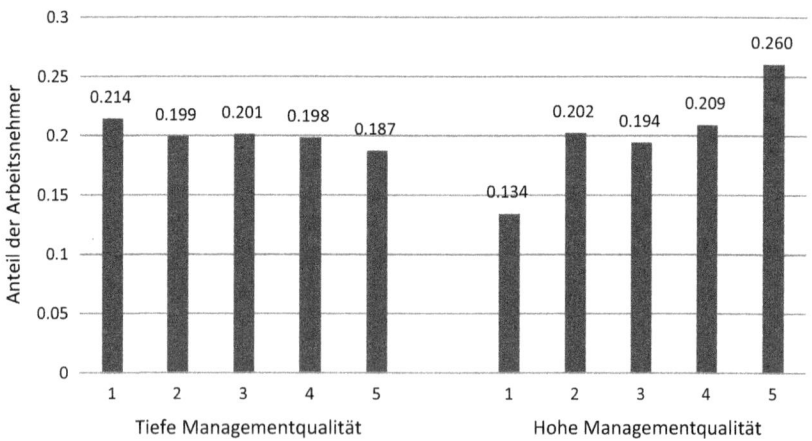

Abb. 1 Gehalts- und Fähigkeitsverteilung der Belegschaft in Quintilen: Der Anteil von höher qualifiziertem Personal steigt mit höherer Managementqualität (Score). (Quelle: Journal of Labor Economics 36, no. S1: S371–S409)

verschiedenen Unternehmen. Das fünfte Quintil der Verteilung enthält die am besten qualifizierten Arbeitnehmer, die besonders produktiv sind und daher zu den 20 % der am besten bezahlten Beschäftigten in der Belegschaft zählen. Die 10 % der Unternehmen mit der höchsten Managementqualität haben mit 26 % einen wesentlich höheren Anteil von hochqualifizierten Mitarbeitern, während der Anteil der weniger produktiven und niedrig bezahlten Mitarbeiter mit 13,4 % besonders gering ist. Bei Unternehmen mit niedriger Managementqualität sind die Verhältnisse gerade umgekehrt.

Die quantitativen Schätzungen zeigen eine statistisch signifikante partielle Korrelation von 0,26 zwischen der Managementqualität und dem Unternehmenserfolg gemessen am Umsatz. Werden weitere Faktoren wie zum Beispiel die Fähigkeiten von Mitarbeitern und Managern beziehungsweise die Ausbildung der Angestellten berücksichtigt, fällt dieses Maß auf 0,13. Dieses Ergebnis bedeutet, dass ungefähr die Hälfte des Effekts fortschrittlicher Managementmethoden auf den Unternehmenserfolg dadurch zustande kommt, dass besser qualifizierte Mitarbeiter und Manager beschäftigt werden. Berücksichtigt man zusätzlich den Kapitaleinsatz, sinken die Einflüsse all jener Faktoren deutlich, bleiben aber statistisch signifikant. Ähnliches ergibt sich, wenn die Schätzung für den Einsatz von Halbfabrikaten (Güter, die zur Herstellung benötigt werden) kontrollieren. Berücksichtigt man in der ökonometrischen Analyse alle drei Inputfaktoren Arbeit, Kapital und Halbfabrikate gemeinsam, zeigt sich, dass eine Erhöhung der Managementqualität um eine Standardabweichung (das entspricht einem Anstieg um eine Stufe auf der Skala von 1 bis 5) eine Steigerung der Produktivität von 4,3 % auslöst.

▶ Die Hälfte des Effektes von besseren Managementmethoden auf die Umsätze wird durch die gezielte Beschäftigung von besser qualifizierten Angestellten erklärt.

Zudem schätzen die Wissenschaftler den direkten Einfluss des Managements auf die totale Faktorproduktivität. Diese misst, wie effizient Arbeit, Kapital und Vorleistungen in der Produktion eingesetzt werden. Die Ergebnisse bleiben weitgehend gleich. Auch hier kann man einen signifikant positiven Einfluss der Managementqualität auf die Produktivität beobachten. Ungefähr 13 % des Einflusses von Managementmethoden auf die Produktivität sind auf eine bessere Personalauswahl zurückzuführen, also auf höhere Anteile der produktivsten und am besten bezahlten Mitarbeiter an der gesamten Belegschaft. Dagegen entfallen nur 3 % auf den Anteil von durchschnittlich qualifizierten Mitarbeitern. Weitere 13 % sind auf Gehaltsprämien zurückzuführen, welche dazu beitragen, fähige Angestellte stärker ans Unternehmen zu binden. Insgesamt sind rund 30 % der Produktivitätssteigerung durch besseres Management auf die gezielte Personalauswahl sowie finanzielle Anreize zurückzuführen.

▶ 30 % der Produktivitätssteigerung durch fortschrittliche Managementmethoden entstehen durch die gezielte Auswahl von Managern und Mitarbeitern sowie durch finanzielle Anreize für die Belegschaft.

Die bessere Auswahl fähiger Manager und Mitarbeiter trägt somit dazu bei, dass fortschrittliches Management zu einer höheren Produktivität führt. Wie gelingt es gut geführten Firmen, die Qualität ihrer Belegschaft zu verbessern? Dazu analysieren die Forscher Eintritte und Abgänge von Mitarbeitern in Unternehmen. Es zeigt sich, dass gut geführte Unternehmen wenig produktive Mitarbeiter öfter entlassen und durch besser qualifizierte ersetzen. Diese Personalpolitik erlaubt es den Unternehmen, ihre Belegschaft systematisch und schrittweise zu verbessern. Die Belegschaft bleibt jedoch auch bei Unternehmen mit einem außerordentlich leistungsfähigen Management durchaus heterogen. Bei einer Analyse der firmeninternen Unterschiede zeigt sich, dass besser geführte Firmen eher Lohngleichheit fördern. Obwohl die deskriptive Evidenz auf eine größere Bandbreite der Fähigkeiten hindeutet, tendieren solche Unternehmen dazu, ausgeglichenere Lohnstrukturen zu implementieren.

▶ Gut geführte Unternehmen neigen dazu, schlechte und wenig produktive Mitarbeiter öfter zu entlassen und vermehrt gut qualifizierte Mitarbeiter einzustellen.

Die Forscher finden nicht nur eine starke Beziehung zwischen der durchschnittlichen Fähigkeit der Mitarbeiter und der Managementqualität, sondern auch, dass gut geführte Unternehmen eher hochqualifizierte Mitarbeiter beschäftigen und diese systematisch an sich binden. Der damit verbundene Beitrag zum Unternehmenserfolg ist am oberen Ende der Fähigkeitsverteilung, welche auch das Management umfasst, besonders stark. Die Ergebnisse zeigen, dass gutes Management besonders auf die Entwicklung des Humankapitals achten muss, welches für den Unternehmenserfolg so entscheidend ist. Es bleibt der weiteren Forschung überlassen, diese Beziehung genauer auszuleuchten. Die Wissenschaftler vermuten noch andere Einflussfaktoren, mit denen ein gutes Management den Unternehmenserfolg steigern kann, wie z. B. die Pflege der Unternehmenskultur.

Die Beschäftigungsgarantie der Unternehmen

Brigitte Tschudi

Relevanz
Arbeitslosenversicherung und Mindestsicherung mindern die Einkommensrisiken, damit die Menschen in allen Lebenslagen einen gleichmäßigen Wohlstand erhalten können. Noch besser ist es, wirtschaftliche Risiken erst gar nicht entstehen zu lassen, indem die Unternehmen das Risiko übernehmen und im Auf und Ab der Konjunktur Beschäftigungs- und Lohnsicherheit gewähren. Während die Gewinne stark schwanken, bleiben Löhne und Beschäftigung weitgehend stabil. Bei Familienunternehmen liegen Eigentum und Management in einer Hand. Sie pflegen ein engeres Vertrauensverhältnis zu ihren Angestellten und bieten daher eine bessere Beschäftigungsgarantie als Firmen im Streubesitz und mit unabhängigen Managern. Sie sind eher in der Lage, ihre Beschäftigten davon zu überzeugen, mit vorübergehenden Lohnzugeständnissen einen Teil des Risikos mitzutragen, damit die Beschäftigungsgarantie auch in schwieriger Lage möglich bleibt. Ein glaubwürdiges Versprechen von Beschäftigungssicherheit hängt zudem von der Finanzierungskraft und dem Zugang zu Krediten ab, um Engpässe besser überbrücken zu können. Diese Beschäftigungsgarantie schützt den Sozialstaat vor Überbeanspruchung und macht krisenrobuste Unternehmen zur wichtigsten Sozialversicherung überhaupt.
Christian Keuschnigg

B. Tschudi (✉)
Universität St. Gallen, St. Gallen, Schweiz
E-Mail: brigitte.tschudi@student.unisg.ch

© Der/die Autor(en) 2018
C. Keuschnigg (Hrsg.), *Inklusives Wachstum und wirtschaftliche Sicherheit*,
https://doi.org/10.1007/978-3-658-21344-2_18

121

Quelle

Der nachfolgende Text ist eine Zusammenfassung von: Ellul, Andrew, Marco Pagano und Fabiano Schivardi (2015), Employment and Wage Insurance Within Firms: Worldwide Evidence, Review of Financial Studies, erscheint demnächst.

Wer eine unselbständige Beschäftigung wählt, möchte einen gleichmäßigen Lohn und sichere Beschäftigung möglichst unabhängig vom Auf und Ab der Konjunktur. Wer Unternehmer ist, braucht dagegen Mut zum Risiko. Wenn in einer Rezession die Umsätze einbrechen und Löhne und andere Kosten weitgehend starr sind, drohen Verluste. Umso höher müssen ihre Gewinne sein, wenn der Absatz boomt. Die hohe Risikobereitschaft der Eigentümer macht es möglich, dass Unternehmen ihren eher risikoscheuen Mitarbeitern das Risiko abnehmen, indem sie ihnen einen von der Wirtschaftslage weitgehend unabhängigen Lohn zahlen und Beschäftigung garantieren. Die Anstellung ist also wie eine stillschweigende Vereinbarung zwischen Unternehmern und Beschäftigten, ohne dass es dazu einen schriftlichen „Versicherungsvertrag" gäbe. Wie bei jedem Versicherungsgeschäft hat die Versicherung einen Preis und erfordert ein Lohnzugeständnis im Austausch gegen Beschäftigungs- und Lohnsicherheit, genauso wie die Gewinne der Unternehmer und Eigentümer eine Risikoprämie enthalten müssen, um die Übernahme des Risikos zu entschädigen.

▶ „The family business in Warroad, Minnesota, that didn't lay off a single one of their four thousand employees during this recession, even when their competitors shut down dozens of plants, even when it meant the owners gave up some perks and pay … understood their biggest asset was the community and the workers who helped build that business …" (Präsident Obama, nach Baltimore Sun, 06.09.2012).

Die stillschweigende Vereinbarung der Unternehmen mit ihren Mitarbeitern fußt auf zwei Pfeilern. Erstens muss das Versprechen von Lohn- und Beschäftigungssicherheit glaubwürdig sein. Die Unternehmen müssen in der Lage sein und es muss sich für sie auszahlen, es nicht bei der ersten auftretenden Schwierigkeit zu brechen, sondern dieses Versprechen auch unter widrigen Umständen einzuhalten. Zweitens, müssen die Arbeitnehmer eine Wertschätzung für Lohn- und Beschäftigungssicherheit haben, was vom Grad ihrer Risikoscheu abhängt. Und es muss ein hoher Bedarf nach dieser dezentralen Versicherungslösung bestehen, weil z. B. die staatliche Arbeitslosenversicherung und andere Sozialleistungen in Notlagen wenig großzügig sind.

Familienunternehmen, bei denen Management und Eigentum in einer Hand liegen, haben meist ein engeres Verhältnis zu ihren Angestellten als große Unternehmen mit unabhängigen Managern und im Streubesitz. Das führt zu zwei empirisch überprüfbaren Hypothesen darüber, in welchem Ausmaß Unternehmen tatsächlich Lohn- und Beschäftigungssicherheit bieten. Erstens, Familienunternehmen garantieren sowohl mehr Beschäftigungs- als auch mehr Lohnsicherheit als andere Firmen. Die Besitzerfamilien haben meist über viele Jahre Zeit und Ressourcen investiert, um eine glaubwürdige Reputation aufzubauen und das Vertrauen der Angestellten zu gewinnen. Daher sind sie besser in der Lage, sich selbst glaubwürdig zu verpflichten, den stillschweigenden Versicherungsvertrag einzuhalten, und scheuen auch in schwierigen Situationen davor zurück, dieses Vertrauen aufs Spiel zu setzen. Zweitens können Familienunternehmen beim Auftreten großer negativer Schocks ihre Beschäftigten besser davon überzeugen, sich am Risiko zu beteiligen, indem sie vorübergehende Lohnzugeständnisse machen. Damit bringen sie die Unternehmen oft erst in die Lage, ihre Mitarbeiter trotz verschlechterter Wirtschaftslage weiter zu beschäftigen und können betriebsnotwendige Kündigungen vermeiden. Nach dieser Hypothese garantieren Familienunternehmen mehr Beschäftigungs- und weniger Lohnsicherheit, und nicht beides gleichzeitig, wie die erste Hypothese behauptet.

▶   Familienunternehmen bieten mehr Beschäftigungssicherheit und können ihre Angestellten in schwierigen Situationen eher überzeugen, mit vorübergehenden Lohnzugeständnissen dazu beizutragen.

Neben diesen beiden Hypothesen sind auch andere Faktoren für die Versicherungsleistung der Unternehmen wichtig. Der Bedarf nach einer Beschäftigungs- und Lohngarantie der Unternehmen hängt auch davon ab, wie dicht das staatliche Versicherungsnetz gespannt ist. In Ländern mit einer großzügig ausgebauten Arbeitslosenversicherung und Sozialhilfe für Langzeitarbeitslose wird eine dezentrale Versicherungslösung weniger gebraucht. Außerdem hängt die Fähigkeit der Unternehmen zu dieser Versicherungsleistung von ihrer Eigenkapitalausstattung und ihren Reserven und vom Zugang zu Krediten ab, um Finanzierungsengpässe überbrücken zu können.

Die Forschungsarbeit beruht auf Daten von 7710 Firmen – davon sind ca. 30 % Familienunternehmen – aus 41 Staaten über einen Zeitraum von 25 Jahren. Sie untersucht, wie Umsatzrückgänge in einer Branche auf Beschäftigung und Löhne in den Unternehmen durchschlagen. Es zeigt sich, dass ein Umsatzrückgang um 10 % die Beschäftigung in Nicht-Familienunternehmen je nach Szenario und Spezifikation um 1,2 bis 1,9 % senkt. Dagegen erweist sich die Beschäftigung in Familienunternehmen weitestgehend unabhängig von den Umsatzschwankungen der Branche. Vor allem die Familienunternehmen sind daher in der Lage, ihren Angestellten weitgehende Beschäftigungssicherheit zu garantieren.

Dies ändert sich allerdings, wenn das Ausmaß an staatlicher Versicherung gemessen an der Ersatzquote der Arbeitslosenversicherung in den ersten beiden

Jahren der Erwerbslosigkeit miteinbezogen wird. Da Nicht-Familienunternehmen deutlich weniger Beschäftigungssicherheit anbieten, haben auch Unterschiede in der staatlichen Arbeitslosenversicherung keinen statistisch signifikanten Einfluss darauf. Die Beschäftigungsgarantie in Familienunternehmen wird hingegen erkennbar beeinflusst. Aus den Schätzergebnissen lässt sich ableiten, dass Familienunternehmen ihren Angestellten eine fast vollständige Beschäftigungsgarantie anbieten würden, wenn die Ersatzquote der Arbeitslosenversicherung Null wäre und damit die staatliche Versicherung vollständig fehlen würde. Wenn jedoch die staatliche Versicherung mit einer Ersatzquote von Eins das Risiko vollständig absichern würde, dann würden die Familienunternehmen keine Beschäftigungsgarantie mehr anbieten und sich nur mehr unwesentlich von den anderen Firmen unterscheiden. Umsatzschwankungen der Branche würden auch bei Familienunternehmen auf das Beschäftigungsniveau durchschlagen.

▶ Wenn der Branchenumsatz um 10 % einbricht, sinkt die Beschäftigung in Nicht-Familienunternehmen zwischen 1,2 bis 1,9 %, während sie in Familienunternehmen im Wesentlichen konstant bleibt.

Beschäftigungssicherheit ist vor allem in der Krise gefragt. Die Studie macht deutlich, dass Familienunternehmen bei negativen Entwicklungen die Beschäftigungsgarantie aufrechterhalten, aber bei Umsatzzuwächsen die Beschäftigung ausweiten. Außerdem zeigt sich, dass eine Beschäftigungsgarantie nur bei vorübergehenden Schocks möglich ist, während ein dauerhafter Umsatzrückgang weder durch Familien- noch durch Nicht-Familienunternehmen versicherbar ist. Dementsprechend kann der Ausbau der staatlichen Sozialversicherung eine dezentrale Versicherungsleistung der Familienunternehmen nur bei vorübergehenden Schocks verdrängen. Schließlich zeigt die Untersuchung, dass Familienunternehmen eine Beschäftigungsgarantie nur aufrechterhalten können, wenn sie über genügend Selbstfinanzierungskraft verfügen und ungehinderten Zugang zu externer Finanzierung haben. Bei einer Kreditverknappung oder einer angespannten Finanzierungslage mit firmenspezifischen Ursachen können Familienunternehmen die Beschäftigungsgarantie nicht mehr leisten und verhalten sich ähnlich wie die Nicht-Familienunternehmen.

Risikoscheue Arbeitnehmer wollen neben Beschäftigungssicherheit auch Lohnsicherheit. Im Allgemeinen herrscht ein hohes Maß an Lohnrigidität. Wenn die Umsätze einbrechen, passen die Unternehmen eher die Zahl ihrer Angestellten als den durchschnittlichen Reallohn an. Betrachtet man alle Unternehmen, dann fällt der durchschnittliche Reallohn um ca. 0,5 bis 0,6 %, wenn der Branchenumsatz um 10 % zurückgeht. Die Reallöhne sind also deutlich stabiler als die Beschäftigung. In den Familienunternehmen werden die Reallöhne jedoch stärker angepasst und fallen um 0,7 bis 0,9 %. Familienunternehmen bieten also eine überdurchschnittliche Beschäftigungssicherheit, aber dafür geringere Lohnsicherheit an. Offensichtlich können aufgrund des engeren Vertrauensverhältnisses die Unternehmensleitungen ihre Angestellten besser davon überzeugen, über Lohnzugeständnisse einen Teil des Risikos mitzutragen, um damit das Risiko eines Arbeitsplatzverlustes abzubauen.

▶ Wenn der Branchenumsatz um 10 % einbricht, sinkt der Reallohn im Durchschnitt der Unternehmen um 0,5 bis 0,6 %, jedoch um 0,7 bis 0,9 % in Familienunternehmen.

Jede Versicherung hat einen Preis. Auch die Übernahme des Einkommensrisikos durch die Unternehmen ist nicht gratis. Wie hoch fällt nun dieser Preis für die von den Familienunternehmen versprochene Beschäftigungssicherheit aus? Die Untersuchung zeigt, dass Familienunternehmen um 6 bis 9 % tiefere Löhne zahlen als andere Firmen. Ob dieser Lohnunterschied ausschließlich als Preis für die gebotene Beschäftigungssicherheit gedeutet werden kann oder auf andere, unbeobachtete Unterschiede in den persönlichen Fähigkeiten zwischen Angestellten von Familienunternehmen und anderen Firmen zurückzuführen ist, ist nicht mit absoluter Sicherheit geklärt. Für die Annahme, dass es sich beim Lohnabschlag um eine Art Versicherungsprämie handelt, spricht jedoch folgendes Ergebnis. Wenn die Ersatzquote der öffentlichen Arbeitslosenversicherung höher ist, fällt der Lohnabschlag in den Familienunternehmen statistisch signifikant geringer aus. Eine dichter gestrickte staatliche Versicherung reduziert den Wert und den Bedarf nach einer dezentralen Versicherung durch die Unternehmen.

Was hat Routine mit Jobpolarisierung zu tun?

Brigitte Tschudi

Relevanz
Kommt der Mittelstand unter Druck? Innovation und Globalisierung steigern Arbeitsproduktivität, Löhne und Beschäftigung. Gerade die innovativsten Unternehmen brauchen Zugang zum Weltmarkt, um stärker zu wachsen und mehr Jobs zu schaffen. Doch die Vorteile sind ungleich verteilt. Dabei sind Innovation und Globalisierung nicht nur ein Gewinn für die hoch qualifizierten und eine Gefahr für die gering ausgebildeten Arbeitnehmer. Die Automatisierung ist dort erfolgreich, wo viele repetitive Routinetätigkeiten anfallen. Berufe mit viel Routine sind gerade in den mittleren Einkommensgruppen stark vertreten. Automatisierung könnte den Mittelstand ausdünnen und zu einer Polarisierung der Arbeitswelt am unteren und oberen Einkommensende führen. Der Sozialstaat kann die Einkommens- und Beschäftigungsrisiken der Arbeitenden wenigstens teilweise ausgleichen. Eine investive Politik wird jedoch vorbeugend an der Ausbildung und am lebenslangen Lernen ansetzen, damit möglichst viele den Routinetätigkeiten ausweichen und mehr kreative und höher qualifizierte Tätigkeiten übernehmen können.

Christian Keuschnigg

B. Tschudi (✉)
Universität St. Gallen, St. Gallen, Schweiz
E-Mail: brigitte.tschudi@student.unisg.ch

© Der/die Autor(en) 2018
C. Keuschnigg (Hrsg.), *Inklusives Wachstum und wirtschaftliche Sicherheit*,
https://doi.org/10.1007/978-3-658-21344-2_19

Quelle

Der nachfolgende Text ist eine Zusammenfassung von: Goos, Maarten, Alan Manning und Anna Salomons (2014), Explaining Job Polarization: Routine-Biased Technological Change and Offshoring, American Economic Review 104(8), 2509–2526.

Technologischer Wandel und Globalisierung gelten schon lange als Gründe für steigende Ungleichheit. Nach weit verbreiteter Ansicht steigert der technologische Fortschritt die Produktivität von qualifizierten Arbeitnehmern und verbessert ihre Aussichten auf gute Jobs und höhere Löhne, während unqualifizierte Arbeit wenig davon hat oder sogar bedroht ist. Neuere Forschungsergebnisse zeigen dagegen, dass die Beschäftigung seit einiger Zeit vor allem in den durchschnittlich qualifizierten Berufen eingebrochen ist. Jobs mit hohen und tiefen Qualifikationen sind eher stärker gefragt. Experten sprechen von einer Polarisierung der Arbeitswelt. Während die Jobpolarisierung in einigen wichtigen Ländern gut dokumentiert ist, sind die Ursachen dafür noch weitestgehend unbekannt.

Genau hier setzt die Studie von Goos, Manning und Salomons aus dem Jahr 2014 an. Die drei Forscher sind der Ansicht, dass technologischer Wandel und Globalisierung auch für die Polarisierung der Beschäftigung verantwortlich sind. Die ausschlaggebende Ursache dafür, wer vom technologischen Fortschritt profitiert und wer nicht, sehen die Forscher nicht im Qualifikationsniveau an sich, sondern in der Routineintensität eines Berufs. Der technologische Wandel führe dazu, dass Arbeitskräfte, die überwiegend Routinetätigkeiten ausführen, durch Maschinen ersetzt würden. Globalisierung führe dagegen zur Verlagerung von Arbeit ins Ausland. Das Ergebnis ist dasselbe, weniger Jobs und geringe Aussichten auf bessere Löhne. Anscheinend wirken beide Kräfte besonders stark auf Berufe mit mittleren Qualifikationen ein und führen zu einer Ausdünnung des Mittelstands, also einer Polarisierung bei hoch und gering qualifizierter Arbeit. Die Daten zeigen, dass vorwiegend der technologische Wandel und weniger die Globalisierung zur Polarisierung der Arbeit beigetragen hat. Dies betrifft die Beschäftigung sowohl innerhalb einer Branche als auch zwischen Branchen.

Die Forscher vergleichen die Entwicklung der Beschäftigungsanteile verschiedener Berufe in 16 westeuropäischen Staaten zwischen 1993 und 2010. Die Beschäftigung von hoch bezahlten Berufen, wie z. B. von Ingenieuren, hat am stärksten zugenommen. Ihr Anteil an der Gesamtbeschäftigung ist von 1993 bis 2010 um durchschnittlich 5,6 Prozentpunkte gestiegen. Der Anteil gering bezahlter Berufe an der Gesamtbeschäftigung stieg im selben Zeitraum ebenfalls, und zwar um rund 3,7 Prozentpunkte im Durchschnitt. In dieser Gruppe konnte die Beschäftigung in Verpflegungs- und Reinigungsberufen zulegen, während sie im Verkauf sowie im Baugewerbe und in der Produktion rückläufig war. Berufe mit mittlerem Einkommen, wie z. B. Büroangestellte oder Handwerker, haben dagegen sehr stark an Bedeutung verloren. Von 1993 bis 2010 ging ihr Beschäftigungsanteil um durchschnittlich 9,3 Prozentpunkte zurück.

▶ Während die Beschäftigungsanteile von hoch und niedrig bezahlten Berufen von 1993 bis 2010 merklich zugenommen haben, ist der Beschäftigungsanteil von durchschnittlich bezahlten Berufen deutlich geschrumpft.

Abb. 1 zeigt große Unterschiede zwischen den untersuchten Staaten. In Österreich und Italien wuchs der Beschäftigungsanteil der gering bezahlten Berufe sogar stärker als jener der hoch bezahlten, in allen anderen Staaten war es umgekehrt. Allen Staaten gemeinsam ist jedoch die Ausdünnung des Mittelstands, also der starke Rückgang des Anteils von Arbeitskräften mit durchschnittlichem Einkommen.

Die Abb. 1 zeigt die Beschäftigungsveränderung von 1993 bis 2010 in vier niedrig, neun durchschnittlich und acht hoch bezahlten Berufen.

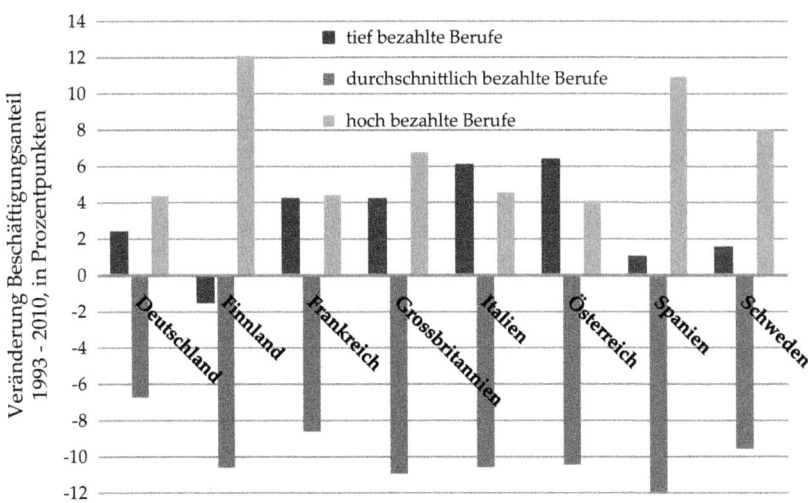

Abb. 1 Beschäftigungsveränderung 1993–2010 in ausgewählten Staaten. (Eigene Darstellung nach Goos u. a., 2014, S. 2515, Tab. 2)

Die Wissenschaftler untersuchen Daten aus der sektoralen Arbeitskräfteerhebung der EU und der OECD. Die Routineintensität einer Aufgabe messen sie anhand eines gebräuchlichen Index, wonach der Beruf des Büroangestellten den stärksten Routineanteil aufweist. Am wenigsten Routine hat der Geschäftsführer eines kleinen Unternehmens, der offensichtlich alles können muss. Die Forscher verwenden auch ein Maß für den Grad, wie stark eine Tätigkeit ins Ausland verlagert werden kann. Nach diesem Index ist es am leichtesten, die Tätigkeit eines Maschinenführers ins Ausland zu verlagern. Am schwierigsten ist die Arbeit eines Logistikers auszulagern. Die Korrelation zwischen diesen beiden Jobcharakteristiken beträgt 0,46. Ein Job mit hohem Routineanteil kann nicht nur leichter automatisiert, sondern auch eher in das Ausland verlagert werden.

Die Forscher finden, dass weniger die Globalisierung, sondern vielmehr der technologische Fortschritt für die Polarisierung der Arbeitswelt verantwortlich ist. Die zunehmende Automatisierung routineintensiver Tätigkeiten bremst vor allem die Beschäftigung in den Berufen mit mittleren Einkommen im Vergleich zu gering und hoch bezahlten Jobs. Nimmt die Routineintensität eines Berufs um eine Standardabweichung zu – das entspricht dem Unterschied zwischen der Routineintensität eines Arztes und eines Verkäufers -, so sinkt das Beschäftigungswachstum dieses Berufs um 0,9 Prozentpunkte. Der Grad einer möglichen Verlagerung von Jobs in das Ausland hat hingegen keinen statistisch signifikanten Einfluss auf das Beschäftigungswachstum.

Indem sie die Berufe nach ihrer Routineintensität und ihrer Anfälligkeit für eine Verlagerung in das Ausland klassifizieren, können die Forscher einen sehr großen Teil der tatsächlich beobachteten Beschäftigungsentwicklung erklären, nämlich 79 % bei hoch bezahlten, 74 % bei durchschnittlich und 66 % bei niedrig bezahlten Berufen.

▶   Für den Rückgang der Beschäftigung in routineintensiven Berufen
    mit mittleren Einkommen ist vor allem der technologische Fortschritt
    verantwortlich. Eine Zunahme der Routineintensität um eine Stan-
    dardabweichung verlangsamt das Beschäftigungswachstum um
    0,9 Prozentpunkte.

Die Veränderung der Beschäftigung eines Berufs kann sich dabei aufgrund von Verschiebungen innerhalb und zwischen den Branchen ergeben. Der Beschäftigungsanteil eines Berufes kann sich wegen Verschiebungen der Arbeitsnachfrage von durchschnittlich zu hoch bzw. niedrig bezahlten Tätigkeiten innerhalb einer Branche verändern (intraindustrielle Komponente). Außerdem kann der Beschäftigungsanteil eines Berufs zunehmen, wenn Branchen mit hohem Bedarf nach diesem Beruf expandieren und andere Branchen mit geringem Bedarf schrumpfen, oder eben abnehmen, wenn sich die Branchen gerade umgekehrt verändern (interindustrielle Komponente). Die Ergebnisse zeigen, dass beide Komponenten in ähnlichem Umfang zur Gesamtveränderung beitragen. Bei hoch und durchschnittlich bezahlten Berufen sind die Beschäftigungsverschiebungen innerhalb der Branche bedeutender, während bei niedrig bezahlten Berufen die Verlagerung zwischen den Branchen eher wichtiger ist.

▶ Die intraindustrielle und die interindustrielle Komponente tragen in etwa zu gleichen Teilen zur beobachteten Beschäftigungsveränderung der Berufe bei.

Die Studie zeigt, dass vor allem der technologische Fortschritt und weniger die Globalisierung die Ausdünnung des Mittelstands und die Polarisierung der Arbeit prägt. Automatisierung und der häufigere Einsatz von Robotern ersetzen zunehmend Routinetätigkeiten. Dadurch nehmen die Anteile hoch und niedrig bezahlter Tätigkeiten an der Beschäftigung zu, während der Anteil routineintensiver Berufe mit mittleren Einkommen zurückgeht.

Wie die IT-Revolution die Lohnschere spreizte

Marko Mlikota

Relevanz

Von 2002 bis 2012 ist in den USA der Medianlohn der untersten 10 % der Lohnskala um 9,5 % gestiegen. Dies im Vergleich zu einem Anstieg von 22,5 % für die obersten 10 %. Auf was lässt sich diese sich öffnende Lohnschere zurückführen? Krusell u. a. (2000) zeigen, dass in den 90er Jahren insbesondere die IT-Revolution und die daraus resultierende Nachfrage nach hochqualifizierten Arbeitskräften den Anstieg der Lohnungleichheit verursachten. Was die IT-Revolution in den 90er Jahren bewirkte, stellt sich heute als Herausforderung der Digitalisierung und Automatisierung neu. Eine fundierte Ausbildung ist wichtiger denn je, um in einem sich wandelnden Arbeitsmarkt nicht als Verlierer dazustehen.

Beatrix Eugster

Quelle

Der nachfolgende Text ist eine Zusammenfassung von: Krusell, Per, Lee E. Ohanian, José-Víctor Ríos-Rull und Giovanni L. Violante (2000), Capital-Skill Complementarity and Inequality: A Macroeconomic Analysis, Econometrica 68, 1029–1053.

Die Einkommens- und Vermögensungleichheit und die damit einhergehenden Verteilungsfragen sind brisante Themen, die sich nicht nur auf die rein ökonomische Debatte beschränken. Die Einkommensungleichheit scheint in den 1970er

M. Mlikota (✉)
Universität St. Gallen, St. Gallen, Schweiz
E-Mail: marko.mlikota@student.unisg.ch

Jahren aufgrund der IT-Revolution und den angestoßenen Innovationen stark
zugenommen zu haben. In diesem Zusammenhang steht das Steigen der Bildungsprämie (skill premium), d. h. des Lohnes von qualifizierteren Arbeitskräften
relativ zu dem von weniger qualifizierten und sogar ungelernten Arbeitern, exem-
plarisch für die sich verändernde Struktur und Dynamik der Ungleichheit.

Studien der 1990er Jahre konnten nicht erklären, wieso die Bildungsprämie
stark angestiegen ist, obwohl gleichzeitig auch das Angebot von qualifizierten
Arbeitskräften auf dem Arbeitsmarkt relativ zum Angebot von unqualifizierten
Arbeitskräften grösser wurde. Sie folgerten, dass eine nicht direkt beobachtbare
Änderung in der Art der Produktion von Gütern und Dienstleistungen die Ursache
für den Anstieg der Bildungsprämie sein müsse. Diese Änderung in der Produk-
tionsart wurde als bildungs- oder wissensintensiv (skill-biased) beschrieben, weil
sie den Einsatz von hochqualifizierten Arbeitskräften verlangt und weniger gut
ausgebildete Arbeitskräfte teilweise ersetzt. Krusell und seine Co-Autoren gehen
der Annahme des bildungsintensiven technologischen Wandels auf den Grund
und analysieren, in wieweit das scheinbar paradoxe Ansteigen der Bildungsprämie durch beobachtbare Variablen erklärbar ist.

▶   Unter einem bildungsintensiven technologischen Wandel werden
       hochqualifizierte Arbeitskräfte für Firmen im Produktionsprozess immer
       wichtiger im Vergleich zu ihren weniger gut ausgebildeten Kollegen.

Die Studie beschreibt das Verhalten von Haushalten und Firmen im Produkti-
onsprozess. Dabei weist die Produktionstechnologie eine Komplementarität von
Kapital und Bildung auf. Das bedeutet, dass die Firmen bei steigendem Einsatz von wissensintensivem Kapital (z. B. komplexe Maschinen, Lizenzen, oder
Patente) auch relativ mehr hochqualifizierte Arbeitskräfte einsetzen. So braucht
es z. B. mehr Ingenieure, um komplexe Maschinen zu bedienen, jedoch weniger
unqualifizierte Arbeitskräfte, deren Arbeitsleistung durch Maschinen ersetzbar ist.
Die erhöhte Nachfrage nach qualifizierter Arbeit steigert den Lohn von hochqualifizierten Arbeitskräften im Vergleich zu demjenigen von weniger qualifizierten
Angestellten. Die *Bildungsprämie* steigt.

Die Forscher nutzen Daten zum Einsatz von Kapital und Arbeit in den USA
zwischen 1963 und 1992. Die Schätzergebnisse bestätigen, dass Kapital und Bildung komplementär sind. Die Forscher können mit ihrem Ansatz die Entwicklung
der *Bildungsprämie* im genannten Zeitfenster erklären. Zur Überprüfung ihrer
Resultate berechnen sie die Vorhersagen ihres Modells mit und ohne Komplementarität von Kapital und Bildung. Wenn die Komplementarität ausgeschaltet ist,
kann nur noch das Angebot von qualifizierter Arbeit die Bildungsprämie beeinflussen. Die Autoren schätzen, dass die Erhöhung des Angebots an qualifizierten

Arbeitskräften zu einem Rückgang der Bildungsprämie von ca. 40 % geführt hat. Tatsächlich ist die Prämie aber um 18 % gestiegen. Daher muss der technologische Wandel alleine mit der Komplementarität von Kapital und Bildung einen Anstieg der Bildungsprämie von brutto ca. 60 % verursacht haben. Dieser wurde mit der Zunahme hochqualifizierter Arbeit teilweise wieder kompensiert.

Die Bedeutung der Komplementarität von Kapital und Bildung zeigt sich auch in folgendem Szenario. Wäre der Kapitalstock nach 1975 nur so langsam gewachsen wie in der Zeit davor und wäre daher die Nachfrage nach hoch qualifizierter Arbeit nicht so stark gestiegen, dann hätte die Bildungsprämie lediglich um 8 % anstatt um 18 % zugenommen (siehe gestrichelte Linie in Abb. 1). Der Anstieg des Kapitaleinsatzes seit den 1970er Jahren in Verbindung mit einer Technologie, die mehr und mehr auf hochqualifizierte Arbeitskräfte setzt und weniger gut ausgebildete Arbeiter immer mehr durch Maschinen ersetzt, dürfte den Anstieg der Bildungsprämie verursacht haben. Diese Erklärung greift für die Zeit bis zu den 1990er Jahren, ist aber vermutlich auch heute noch gültig.

▶ Der erhöhte Kapitaleinsatz in Verbindung mit einem bildungsintensiven technologischen Wandel hat den relativen Lohn von hochqualifizierten Arbeitskräften in den 30 Jahren von 1963 bis 1992 um 60 % erhöht.

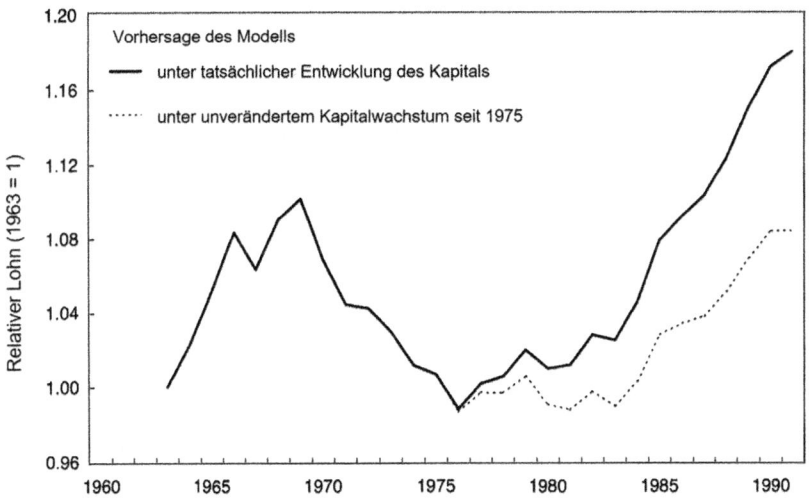

Abb. 1 Beitrag des Kapitalwachstums zum Steigen der skill premium (Quelle: Krusell u. a., 2000, 1045)

Eine konkurrierende Erklärung für den Anstieg der Bildungsprämie könnte sein, dass hochqualifizierte relativ zu weniger qualifizierten Arbeitskräften produktiver und deshalb auch besser entlohnt werden. Leider sind die Produktivitätsniveaus für qualifizierte und nicht qualifizierte Arbeitskräfte nicht direkt beobachtbar, was das Überprüfen dieser Hypothese erschwert. Die Forscher zeigen jedoch, dass der Produktivitätsunterschied um den Faktor 30 gestiegen sein müsste, was als wenig realistisch erscheint.

Das Forschungsergebnis könnte für Entscheidungsträger in Wirtschaft und Politik hinsichtlich der Ungleichheitsdebatte äusserst relevant sein. Es stellt die Effektivität von Handelsbarrieren zum Schutz von einheimischen, weniger qualifizierten Arbeitnehmern in Frage. Diese konkurrieren nicht nur mit ausländischen Niedriglohnarbeitern, sondern auch mit immer effizienteren und billigeren Kapitalausstattungen, die mehr Qualifikation verlangen. Eine bessere Ausbildung scheint die einzige nachhaltige Möglichkeit zu sein, um zu verhindern, dass diese Arbeitskräfte mehr und mehr von Robotern und Computern verdrängt werden. Die Studie zeigt damit die erhöhte Bedeutung von Bildung und Qualifikation in einer innovativen Wirtschaft auf. Eine Bildungsoffensive mit einem erhöhten Angebot von hochqualifizierten Arbeitskräften kann einer zunehmenden Ungleichheit effektiv entgegenwirken.

Mit Innovation zu den Top 1 %

Michael Nübler

Relevanz

Innovation ist schöpferische Zerstörung. Neues ersetzt Altes. Neue Jobs mit höheren Löhnen und besseren Perspektiven entstehen. Während die Arbeitenden in schrumpfenden Firmen sich neu orientieren müssen, profitieren die Talentierten, Unternehmer und Reichen. Der Einkommensanteil der Top 1 % steigt. Aber nicht jeder Reichtum ist schlecht. Innovative Startups machen ihre Gründer reich. Auf dem Weg nach oben nehmen sie viele mit. Wenn jedoch die etablierten Eliten den Marktzugang behindern und mit Innovation monopolistische Gewinne steigern, verteidigen sie ihre privilegierte Stellung und zementieren die Verteilung. Wettbewerb und offene Märkte helfen auf zweifache Weise. Mehr Wettbewerb senkt die Preise für alle und beseitigt die anstößigen Monopoleinkommen der Reichen. Fairer Wettbewerb macht Platz für neue Aufsteiger von unten nach oben und steigert die soziale Mobilität.

Christian Keuschnigg und Michael Kogler

Quelle

Der nachfolgende Text ist eine Zusammenfassung von: Aghion, Philippe, Ufuk Akcigit, Antonin Bergeaud, Richard Blundell und David Hemous (2015), Innovation and Top Income Inequality, NBER WP 21247 (revised Nov. 2016).

M. Nübler (✉)
Universität St. Gallen, St. Gallen, Schweiz
E-Mail: michael.nuebler@student.unisg.ch

137

In den letzten Jahrzehnten hat in vielen entwickelten Ländern die Einkommensungleichheit zugenommen. Die Spitzenverdiener erhalten einen immer größeren
Anteil am Gesamteinkommen. Diese Entwicklung hat zuletzt starke Aufmerk-
samkeit auf sich gezogen wie sich etwa anhand der Occupy Wall Street Bewe-
gung, von Thomas Pikettys Buch „Kapital im 21 Jahrhundert" und der Vergabe
des Nobelpreises an Angus Deaton für seine Forschungen zu Armut und Wohlfahrt zeigt. Viele sehen die Ursachen der Einkommensungleichheit vorwiegend
in der Innovation und der Globalisierung. Neue Informations- und Kommunika-
tionstechnologien, die globale Aufspaltung der Wertschöpfungsketten verbunden
mit einer Auslagerung von arbeitsintensiven Produktionszweigen und die zunehmende Automatisierung durch Einsatz von Robotern gingen mit steigender Einkommensungleichheit einher. Diese Beobachtungen legen einen ursächlichen
Zusammenhang zwischen Innovation und Ungleichheit nahe.

Neue Technologien steigern die Produktivität und erhöhen Einkommen und
Wohlstand. Aber nicht alle haben am Wachstum gleichmäßig teil. Neuere Forschungsergebnisse zeigen, dass Innovation auch die Einkommensverteilung verändert. Der technologische Fortschritt lässt routineintensive Tätigkeiten wegfallen
und setzt vor allem mittlere Einkommen unter Druck. Dagegen profitieren Spitzenverdiener wie Unternehmer oder Manager meist überproportional stark von
den Innovationserträgen. Gleichzeitig bedeutet Innovation im Sinne des österreichischen Ökonomen Joseph Schumpeter schöpferische Zerstörung, indem innovative Unternehmen neu in den Markt eintreten und etablierte verdrängen. Dieser
Mechanismus wiederum schafft neue Aufstiegschancen und fördert die soziale
Mobilität.

Die Studie von Aghion, Blundell u. a. untersucht den Zusammenhang zwischen
Innovation, Einkommensungleichheit und sozialer Mobilität. Sie zeigt auf, wie
Innovation zur Ungleichheit der Spitzeneinkommen gemessen z. B. anhand der
Top 1 % Verdiener beiträgt. Zu diesem Zweck vergleichen die Autoren die Innova-
tionskraft und Einkommensverteilung zwischen den amerikanischen Bundesstaa-
ten nach 1975. Die empirischen Ergebnisse deuten darauf hin, dass Innovation die
Einkommensverteilung beeinflusst, und dass Spitzenverdiener überproportional
profitieren und einen zunehmenden Einkommensanteil verbuchen.

In den USA verdoppelte sich zwischen 1975 und 2013 der Anteil der Spitzenverdiener (Top 1 %) am Gesamteinkommen von 8,8 % auf 20,1 %. Die Anzahl der
Patente als Indikator für die Innovationskraft nahm fast parallel zu. Zwar belegt
dies noch keinen kausalen Effekt, da die zunehmende Ungleichheit auch von vielen
anderen Faktoren abhängt. Dennoch deutet Abb. 1 eine Schlüsselrolle von paten-
tierten Innovationen für die Entwicklung der Spitzeneinkommen an. Quantifiziert
man den statistischen Zusammenhang von Innovation und Einkommen, zeigt sich,

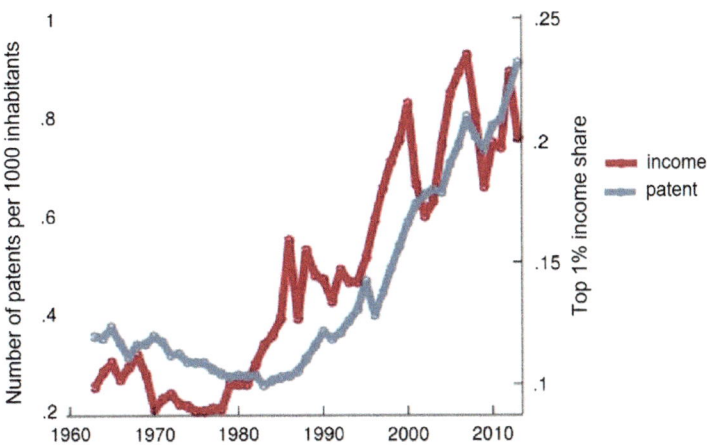

Abb. 1 Einkommensanteil der Top 1 % Verdiener und Anzahl der Patente pro 1000 Einwohner. (Quelle: Aghion, Blundell u. a., 2016, 3)

dass eine einprozentige Erhöhung der Innovationskraft mit einem Anstieg des Einkommensanteils der Top 1 % Verdiener um 0,3 % assoziiert ist. Betrachtet man stattdessen den Anteil der Top 0,01 % Verdiener, ist der Zusammenhang sogar mehr als doppelt so stark. Die Erträge der Innovationen verteilen sich nicht gleichmäßig auf die Bevölkerung, sondern gehen hauptsächlich an eine immer reicher werdende Oberschicht von Gewinnern.

▶   Eine um 10 % höhere Anzahl von Patenten erhöht den Einkommensanteil von Spitzenverdienern um 2,4 %.

Im nächsten Schritt filtern die Forscher aus einer Vielzahl von Determinanten den Effekt der Innovationskraft auf den Einkommensanteil der Top 1 % in einem Bundesstaat heraus, sodass ihre Schätzungen eine kausale Interpretation haben. Sie berücksichtigen verschiedene Maße für die Anzahl und die Qualität von Patenten sowie zahlreiche Kontrollvariablen und schätzen den Effekt der Innovation wie folgt: Ist die Anzahl Patente pro Kopf um 10 % höher, steigert dies den Anteil der Top 1 % Verdiener am Gesamteinkommen um rund 2,4 %. Vergleichbare Effekte zeigen sich, wenn man die Innovationskraft stattdessen z. B. anhand der Häufigkeit misst, mit welcher Patente zitiert werden. Diese Ergebnisse legen nahe, dass durchschnittlich rund 22 % des Anstiegs des Einkommensanteils von Spitzenverdienern im Zeitraum 1980–2005 auf Innovation entfallen.

Gleichzeitig ist der Zusammenhang zwischen Innovation und der Einkommensverteilung der breiten Bevölkerung schwächer ausgeprägt bzw. gar nicht vorhanden. Die empirische Evidenz zeigt kaum einen signifikanten Effekt von Innovation auf Ungleichheit, sobald man konventionelle Verteilungsmaße wie z. B. den Gini- oder Atkinson-Index verwendet. Diese stützen sich nicht allein auf die Spitzeneinkommen, sondern berücksichtigen die Spreizung der gesamten Verteilung. Die Verteilungseffekte von Innovation manifestieren sich daher fast ausschließlich bei den Spitzeneinkommen. Zu dieser Kategorie zählen Tätigkeiten, die eng mit dem Innovationsprozess verbunden sind wie etwa jene von Ingenieuren, Wissenschaftlern, Unternehmern, oder Managern. Dagegen führt Innovation zu keiner wesentlichen Veränderung der Einkommensverteilung innerhalb der restlichen Bevölkerung.

▶   Etwa 22 % des Anstiegs des Einkommensanteils der Top 1 % entfallen auf die Innovation. Zunehmende Innovation hat dagegen kaum signifikanten Einfluss auf die Verteilung im Rest der Bevölkerung.

Warum akzeptiert eine Gesellschaft langfristig eine Zunahme der Ungleichheit durch überproportional wachsende Spitzeneinkommen? Ein Grund könnte sein, dass Innovation mit mehr sozialer Mobilität einhergeht. Es entstehen neue Aufstiegschancen. Kinder von Eltern in den unteren und mittleren Einkommensschichten können in einem innovativen Land einfacher und häufiger zu den besser Verdienenden aufsteigen. Die Korrelation zwischen der Anzahl der Innovationen und sozialer Mobilität von einer unteren Einkommensgruppe der Zahl der Top 1 % Verdiener ist positiv und beträgt 0,031. Der Wert steigt auf 0,065 für die Top 0,01 % Verdiener.

▶   Innovationen durch neue Unternehmen verbessern die Aufstiegschancen und erhöhen die soziale Mobilität. Marktabschottung zementiert den Reichtum der etablierten Eigentümer und bremst die soziale Mobilität.

Zwar erhöht Innovation die Wahrscheinlichkeit für sozialen Aufstieg. Die Studie zeigt jedoch, dass man dabei zwischen verschiedenen Arten von Innovation unterscheiden muss. Denn nur Innovationen von Unternehmen, welche neu in den Markt eintreten, können die Aufstiegschancen der Gründer verbessern. Etablierte Unternehmen mit ihren reichen Eigentümern haben dagegen einen Anreiz, Innovationen von neuen Unternehmen zu erschweren. Sie verwenden Aufwand für Lobbying, um den Eintritt neuer, innovativer Konkurrenten zu blockieren und die eigenen monopolistischen Gewinne zu verteidigen. Marktabschottung behindert die Aufstiegschancen neuer innovativer Unternehmerpersönlichkeiten. Innovation erhöht daher die soziale Mobilität in all jenen Regionen der USA, in denen es wenig Lobbying und Marktabschottung gibt. Starke Lobbytätigkeit behindert den Marktzugang. Wenn die neuen Start-ups fehlen, können die Innovationen nur mehr von den etablierten Unternehmen stammen, was den Reichtum ihrer Eigentümer zementiert. Marktabschottung behindert den Wettbewerb durch Marktzutritt und bremst die soziale Mobilität.

Die Studie von Aghion, Blundell u. a. stützt damit die Erkenntnis Schumpeters, dass besonders die Innovationen von neue Unternehmen den Prozess schöpferischer Zerstörung und den Strukturwandel vorantreiben. Diese Innovationen schaffen neue Formen der Wertschöpfung, neue Wachstumsbranchen und Arbeitsplätze, und verbessern die Möglichkeit für sozialen Aufstieg. Gleichzeitig trägt Innovation zu höherer Einkommensungleichheit bei, indem sie den Anteil der Spitzenverdiener am Gesamteinkommen steigert.

Ist die Industrie ein Opfer des eigenen Erfolgs?

David Bader

Relevanz

Die Industrie ist ein Treiber der Innovation und des Produktivitätswachstums. Steigende Produktivität bedeutet, dass dieselbe Wertschöpfung mit einer sinkenden Zahl von Beschäftigten und Unternehmen möglich wird. Die Industrie schrumpft. Anstatt aufzugeben, stellen viele agile Industrieunternehmen ihr Geschäftsmodell radikal um und lagern die Produktion aus. Sie wandern in andere Branchen, wo sie mit produktionsnahen Dienstleistungen oft profitabler sind und höhere Löhne zahlen als je zuvor. Innovation verlangt den Arbeitnehmern neue Qualifikationen für andere Aufgaben ab, und den Unternehmen eine Neuausrichtung ihrer Geschäftsmodelle. Eine Wirtschaftspolitik, die einen hohen Industrieanteil erhalten will, ist defensiv und verfehlt gerade die agilen Unternehmen, welche mit innovativen Dienstleistungen profitablere Geschäfte erschließen und ihren Arbeitnehmern bessere Perspektiven bieten können.

Christian Keuschnigg und Michael Kogler

Quelle

Der nachfolgende Text ist eine Zusammenfassung von: Bernard, Andrew B., Valerie Smeets und Frederic Warzynski (2017), Rethinking Deindustrialization, Economic Policy 32(89), 5–38.

D. Bader (✉)
Universität St. Gallen, St. Gallen, Schweiz
E-Mail: david.bader@student.unisg.ch

143

Digitalisierung, Industrie 4.0 und Globalisierung stellen die Industrie in den reichen Ländern vor gewaltige Herausforderungen. Bereits seit längerem ist eine
fortschreitende De-Industrialisierung zu verzeichnen. Die Globalisierung ermöglicht es den Unternehmen, Produktion in Länder mit geringeren Kosten und weniger strikten Arbeitsgesetzen wie z. B. China, Indien oder die osteuropäischen
Länder auszulagern. Die Arbeitnehmer mit mittlerer und niedriger Ausbildung,
denen die Industrie vergleichsweise gut bezahlte Arbeitsplätze bietet, geraten
unter Druck. Man befürchtet auch eine Verlangsamung des Produktivitätswachstums, welches bisher zu einem guten Teil von der Innovation in der Industrie
getrieben wurde. Politische Entscheidungsträger versuchen oft, diesen Trend zu
verlangsamen oder umzudrehen.

Andrew Bernard, Valerie Smeets und Frederic Warzynski untersuchen am
Beispiel Dänemark, wie genau der Prozess der De-Industrialisierung abläuft. Im
Gegensatz zu früheren Studien untersuchen sie, wie sich die Arbeitsprozesse und
Tätigkeiten innerhalb der Unternehmen verändern, anstatt nur auf die offizielle
Zuordnung zu einem bestimmten Sektor zu schauen. Denn viele Unternehmen,
welche die Industrie verlassen, werden nicht geschlossen, sondern wechseln nach
einer Phase der Re-Orientierung und Umstrukturierung in andere Branchen, wo
sie nach wie vor industrienahe Aufgaben erfüllen. Dadurch wird die De-Industrialisierung tendenziell überschätzt und jedenfalls nicht korrekt gemessen.

Die Wissenschaftler verwenden Daten der dänischen Arbeitsmarktforschung
im Zeitraum 1993 bis 2007. War die Industrie Mitte der 1980er Jahre noch der
wichtigste Sektor in Dänemark, so ist ihre Bedeutung in der Statistik seither stetig
zurückgegangen. Die Zahl der Arbeitsplätze erreichte 1986 ihren Höhepunkt und
nahm seither um mehr als 40 % ab (siehe Abb. 1). Der Rückgang kam dadurch
zustande, dass manche Unternehmen schrumpften und Beschäftigung abbauten,
während andere ganz aus der Industrie ausschieden. Jedes Jahr schieden ungefähr 8–10 % aller Industriefirmen aus, während etwas weniger neu in den Markt
eintraten. So nahm die Anzahl der Firmen jährlich um durchschnittlich 1,4 % ab.
Andere Industrieländer verzeichneten einen ähnlichen Trend. Diese Dynamik
führte dazu, dass in Dänemark am Ende des erwähnten Zeitraums im Jahr 2007
nur noch rund 12.000 Industriefirmen übrigblieben.

Jedoch haben nicht all jene Unternehmen ihre Pforten geschlossen. Viele
haben ihr Geschäftsmodell radikal umgestellt und sind in eine andere Branche
gewechselt, typischerweise in den Dienstleistungssektor. Sie verloren dadurch
ihre Klassifizierung als Industriefirma, obwohl viele ihrer Aktivitäten weiterhin
einen engen Bezug zur industriellen Produktion hatten. Allein zwischen 2002

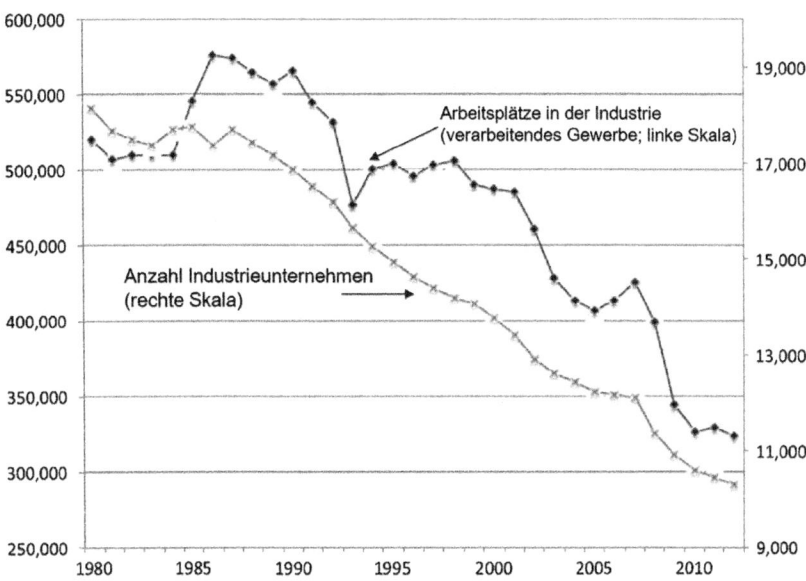

Abb. 1 Industriearbeitsplätze und Anzahl Industrieunternehmen in Dänemark 1979–2013. (Quelle: Bernard u. a., 2017, 8)

und 2007 traf dies auf 1316 Unternehmen zu, was knapp 10 % aller Industrieunternehmen (im Jahr 2002) entsprach. Sie beschäftigten fast 25.000 Mitarbeiter. Dieser Umstand, also der Wechsel in eine andere Branche, erklärt in diesem Zeitraum rund 42 % der Arbeitsplatzverluste in der Industrie. Im Jahr 2007 existierten in Dänemark noch 1680 Unternehmen mit mehr als 37.000 Mitarbeitern, welche ursprünglich in der Industrie tätig waren und in eine andere Branche gewechselt sind. Das macht immerhin 8,6 % aller Industriearbeitsplätze aus.

Ein typisches Beispiel für einen erfolgreichen Branchenwechsel ist *Iver C. Weilbach & Co.* Gegründet im Jahre 1775 produzierte das Unternehmen über zwei Jahrhunderte lang magnetische Kompasse für Schiffe. In der Zwischenkriegszeit eröffnete sich die Möglichkeit, Karten der Weltmeere für dänische Händler, Fischer und Seefahrer zu vertreiben. Mit dem Aufstieg elektronischer Navigationssysteme verlor der magnetische Kompass seine Bedeutung. Im Zuge der Digitalisierung wechselte *Iver C. Weilbach & Co.* die Branche und publiziert seit dem Beginn des 21. Jahrhunderts elektronische Seekarten, welche laufend ergänzt und aktualisiert werden. Die Softwareentwicklung wurde nach Bangladesch und Polen ausgelagert. Dieses Beispiel zeigt, dass die fortschreitende De-Industrialisierung für Firmen nicht zwingend deren Untergang bedeutet, sondern oft eine bloße Verschiebung ihrer Tätigkeiten bringt.

▶ Von 2002 bis 2007 sind 10 % der Industriefirmen in andere Branchen gewechselt, was 42 % der Arbeitsplatzverluste in der Industrie erklärt.

Welche Unternehmen wechseln vom Industrie- in den Dienstleistungssektor? Die Forscher verglichen dazu die Unternehmen während zweier Jahren vor dem Branchenwechsel. Bereits davor wiesen solche Firmen gewisse Eigenschaften eines Dienstleistungsbetriebs auf. Verglichen mit den verbliebenen Industrieunternehmen waren sie zwar kleiner, aber deutlich produktiver und erwirtschafteten eine höhere Wertschöpfung. Zudem beschäftigten sie bereits vor dem Branchenwechsel meist mehr Mitarbeiter mit besserer Ausbildung und bezahlten höhere Löhne. Dagegen waren weniger Mitarbeiter in der Produktion beschäftigt. Im Gegensatz zu Firmen im Dienstleistungssektor war der Anteil des Managements oder des F&E-Bereichs an der Belegschaft höher.

▶ Unternehmen, welche die Branche wechselten, waren bereits vor dem Wechsel produktiver und beschäftigten mehr gut ausgebildete Mitarbeiter als jene, die in der Industrie verblieben.

Ein Branchenwechsel geht mit einer starken Umstrukturierung einher und verändert die Belegschaft. Vor allem in der Produktion werden Mitarbeiter entlassen. Für andere und oft anspruchsvollere Aufgaben werden neue eingestellt. So auch in Dänemark. Während die Arbeiter weniger wurden, stieg der Anteil der Angestellten von 46 auf 60 %. Zwei Jahre nach dem Wechsel waren im Durchschnitt ganze 53 % der Belegschaft austauscht. Dies geschah zugunsten von hochqualifiziertem Personal, dessen Anteil an der Belegschaft sich verdoppelte.

▶ Zwei Jahre nach dem Branchenwechsel waren 53 % der Belegschaft ausgetauscht. Der Anteil hoch qualifizierter Mitarbeiter verdoppelte sich.

Betrachtet man die Aktivitäten eines Unternehmens, so gibt es zwei Wege, den Branchenwechsel zu vollziehen. Manche Unternehmen entwickeln sich von einem Produktions- zu einem reinen Handels- und Dienstleistungsbetrieb. Aufgrund ihrer

Kompetenzen und ihres Wissens über den Markt sind sie optimale Vermittler, welche Nachfrager und Produzenten verbinden. Die Belegschaft besteht typischerweise aus vielen Verkäufern und Service-Angestellten und wenigen Technikern und Experten. Andere Unternehmen wiederum stellen zwar die tatsächliche Produktion ein, führen aber immer noch industrienahe Tätigkeiten aus wie z. B. Konstruktion und Design eines Produktes sowie dessen Vertrieb. Solche Unternehmen ähneln weiterhin einem Industriebetrieb, geben aber die eigentliche Fertigung auf oder lagern diese aus. Die Anzahl der Experten und technischen Mitarbeiter bleibt konstant oder nimmt sogar zu.

Die fortschreitende De-Industrialisierung hat Konsequenzen für den Arbeitsmarkt. Bei einer Umstrukturierung erleiden Arbeitnehmer häufig schmerzliche Nachteile. Die Wahrscheinlichkeit, nach einem Jahr noch immer arbeitslos zu sein oder ganz aus dem Arbeitsmarkt zu fallen, betrug in Dänemark 17,5 %, wenn ein Mitarbeiter im Zuge eines Branchenwechsels seinen Arbeitsplatz verlor. Bei ehemaligen Mitarbeitern von Unternehmen, welche ganz geschlossen wurden, lag diese Wahrscheinlichkeit bei nur 12 %. Fünf Jahre später sah die Situation jedoch anders aus: Von wechselnden Firmen entlassene Arbeitnehmer waren eher im Dienstleistungssektor beschäftigt als in der Industrie. Dies deutet darauf hin, dass Mitarbeiter in solchen Firmen über Fähigkeiten verfügten bzw. Tätigkeiten ausführten, die besser auf eine sich wandelnde Umwelt ausgerichtet waren. Der Arbeitsplatzverlust infolge eines Branchenwechsels führte kurzfristig zu starken Lohnverlusten von bis zu 38 %. Jedoch näherte sich ihr Einkommen langfristig wieder dem ursprünglichen Salär an. Mitarbeiter, welche bei einem branchenwechselnden Unternehmen geblieben sind, profitieren hingegen von einem schnelleren Lohnwachstum. Dies mag die bessere Performance der wechselnden Firmen widerspiegeln.

▶ Verlor ein Mitarbeiter nach einem Branchenwechsel seinen Arbeitsplatz, so war die Wahrscheinlichkeit, nach einem Jahr immer noch arbeitslos zu sein, rund 1,5-mal so hoch wie bei Unternehmen, die geschlossen wurden.

De-Industrialisierung bedeutet nicht nur, dass Unternehmen scheitern und geschlossen werden. Manche schaffen eine radikale Änderung ihres Geschäftsmodells, wandeln sich von Industrie- zu Dienstleistungsbetrieben und erfüllen weiterhin industrienahe Funktionen. In der Vergangenheit hat die Wirtschaftspolitik oft defensiv reagiert und den traditionellen Produktionssektor unterstützt.

Verschiedene Länder haben sogar offizielle Stellen geschaffen, um die Wiedererstarkung des Industriesektors voranzutreiben. Maßnahmen, welche allein der Industrie helfen, verfehlen aber gerade die agilen Unternehmen, die sich anpassen und auf Dienstleistungen mit einem hohen Anteil an Produktionsaktivitäten umstellen. Die Forscher argumentieren deshalb, dass wirtschaftspolitische Eingriffe diesen Umstand stets berücksichtigen sollten.

Teil VI
Banken und Finanzierung

Ein starker Bankensektor – Fluch oder Segen?

Hannah Winterberg

Relevanz

Das Finanzsystem muss die unterschiedlichsten Bedürfnisse erfüllen. Unternehmen und Haushalte brauchen Eigenmittel und Fremdkapital in der richtigen Mischung. Eigenkapital ist die Voraussetzung für neue Kredite, denn überschuldeten Unternehmen und Haushalten mit geringen Eigenmitteln gibt ein vorsichtiger Banker keine weiteren Kredite. Um das Wachstum zu erhalten, sollten Unternehmen vordringlich Eigenkapital aufnehmen anstatt mit geringerer Kreditaufnahme ihre Investitionen einzuschränken. Wenn Bankkredite knapper werden, weil sich auch Banken entschulden müssen und weniger Kredite refinanzieren können, brauchen Unternehmen einen alternativen Weg der Fremdfinanzierung über Anleihenmärkte. Damit das Finanzsystem Wachstum und Wohlfahrt fördern kann, kommt es eben auf die richtige Mischung und Arbeitsteilung zwischen Banken, Börsen und anderen Finanzmarktakteuren an.

Christian Keuschnigg

Quelle

Der nachfolgende Text ist eine Zusammenfassung von: Langfield, Sam und Marco Pagano (2014), Bank Bias in Europe: Effects on Systemic Risk and Growth, Economic Policy, 2016, vol. 31, issue 85, 51–106.

H. Winterberg (✉)
Universität St. Gallen, St. Gallen, Schweiz
E-Mail: hannah.winterberg@student.unisg.ch

© Der/die Autor(en) 2018
C. Keuschnigg (Hrsg.), *Inklusives Wachstum und wirtschaftliche Sicherheit*,
https://doi.org/10.1007/978-3-658-21344-2_23

151

Die Finanzsysteme Europas und der USA unterscheiden sich ganz erheblich, insbesondere in der den Banken zukommenden Rolle. Das angelsächsische System ist stärker kapitalmarktorientiert. Das bedeutet, dass Unternehmen ihren Finanzbedarf häufig am Kapitalmarkt decken, beispielsweise indem sie Anleihen ausgeben, und nur selten auf Kredite zurückgreifen. Im Gegensatz dazu ist das europäische Finanzsystem eher bankenorientiert. Es ist üblich, dass sich Unternehmen über Bankkredite refinanzieren.

▶   Das europäische Finanzsystem wird von Banken dominiert. Die Bilanz-
        summen der Banken sind im Verhältnis zur Größe des Kapitalmarkts
        um ein Vielfaches grösser als in den USA.

Beide Systeme haben ihre Vor- und Nachteile. Banken mildern die Informationsnachteile der Kreditgeber gegenüber den Gläubigern, indem sie eine Beziehung zu ihren Kunden aufbauen. Sie ermöglichen den Kunden die leichtere Geheimhaltung von Geschäftsgeheimnissen, da weniger Informationen veröffentlicht werden müssen. Oft bewilligt nur die Hausbank einen Kredit, weil sie wesentlich besser über das Unternehmen Bescheid weiß als andere mögliche Kapitalgeber. Das macht viele Unternehmen in ihrer Kreditfinanzierung von der Hausbank abhängig und gibt ihr eine starke Verhandlungsposition. Deshalb sind die Zinskosten in einem bankorientierten System tendenziell höher. In einem marktorientierten System ist angesichts guter Alternativen die Verhandlungsposition der Kreditgeber schwächer, sodass die Gläubiger bessere Konditionen erzielen können. Allerdings erfordert der direkte Zugang zum Kapitalmarkt die Veröffentlichung von Firmendaten und ist für kleinere Unternehmen mit Aufwand verbunden. Die Literatur beleuchtet verschiedene Aspekte von kapitalmarkt- und bankorientierten Systemen, kommt aber nicht zu einer klaren Empfehlung, welches System zu bevorzugen ist.

Die unterschiedlichen Ausrichtungen spiegeln sich in der Kapitalisierung der Bankensysteme wieder. In Europa verfügen die Banken über Aktiva im Wert von 42 Billionen €, dies entspricht 334 % des BIPs. Im Vergleich hat die EU damit den größten Bankensektor. Japanische Banken besitzen Aktiva im Wert von 8 Billionen € oder 196 % des BIPs, amerikanische im Wert von 14,5 Billionen € oder 115 % des BIPs. Diese beeindruckenden Unterschiede in der Kapitalisierung des Bankensektors haben sich vor allem in den letzten zwei Jahrzehnten herausgebildet, in denen der europäische Bankensektor sehr schnell gewachsen ist. Diese Entwicklung sieht man nicht nur in der absoluten Kapitalisierung des Bankensektors. Auch im Verhältnis zum privaten Aktien- und Anleihenmarkt ist der Bankensektor drastisch gewachsen.

Die neue Studie von Langfield und Pagano untersucht den Einfluss dieser Abhängigkeit von Bankkrediten auf das systemische Risiko im Bankenmarkt und auf das Wirtschaftswachstum eines Landes. Die Forscher stellen fest, dass das Volumen der vergebenen Bankkredite volatil ist und sich stark prozyklisch entwickelt. Die Finanzierung über den Bankensektor verhält sich somit deutlich zyklischer als diejenige über Anleihenmärkte. Dies widerspricht der intuitiven Vermutung, dass eine enge Bank-Kunden-Beziehung die Kreditvergabe weniger von der wirtschaftlichen Entwicklung abhängig macht. Allerdings führt ein hoher Verschuldungsgrad dazu, dass Banken Schulden abbauen müssen, wenn die Preise von Vermögenswerten fallen, und damit weniger Kredite vergeben können. Wenn sie Verluste auf ihre Vermögenswerte erleiden, schmilzt das Eigenkapital und kann leicht unter die Mindestgrenze fallen. Ist neues Eigenkapital nicht verfügbar, müssen sie Vermögenswerte veräußern, um aus den Erlösen ihre Schulden zurückzuzahlen und auf diesem Weg die Mindestkapitalvorschriften zu erfüllen. Zum anderen werden viele Vermögenswerte als Sicherheiten genutzt. Verlieren sie an Wert, müssen die Banken neue Sicherheiten bereitstellen oder Schulden abbauen. Durch die Veräußerung von Vermögenswerten erhöht sich der Preisdruck zusätzlich und treibt den beschriebenen Prozess weiter an. Somit ist ein bankenorientiertes Finanzsystem nicht nur anfällig für Preisschwankungen von Vermögenswerten, sondern verstärkt diese sogar.

▶ Im Vergleich zu kapitalmarktorientierten Systemen führt die Bankenorientierung zu höheren systemischen Risiken und zu geringerem Wirtschaftswachstum.

Bankenorientierte Finanzsysteme weisen ein höheres systemisches Risiko auf als kapitalmarktorientierte Systeme, insbesonders wenn in einer Krise die Vermögenswerte stark fallen. Diese erste Hypothese begründen die Autoren mit den starken Schwankungen bei der Kreditvergabe. Diese führt dazu, dass in Zeiten des Aufschwungs zu viele Kredite vergeben werden, sodass auch Projekte finanziert werden, die unter normalen Bedingungen nicht rentabel sind. Die vermehrte Übernahme von Risiken steigert in einer späteren Rezession die Ansteckungsgefahr und damit das systemische Risiko.

Diese Hypothese wird mit einer ökonometrischen Analyse von Daten von über 500 Banken im Zeitraum von 2000 bis 2012 bestätigt. Die Forscher weisen nach, dass das systemische Risiko steigt, wenn Länder ein höheres Bank-Markt-Verhältnis haben, also eine vergleichsweise größere Kapitalisierung im Bankensektor aufweisen. Das systemische Risiko messen sie hierbei mit der Menge an Eigenkapital, das eine Bank im Falle einer Immobilien- oder Börsenkrise aufbringen müsste.

Ein Vergleich zwischen Deutschland mit einem Bank-Markt-Verhältnis von 5,7 und
den USA mit einem Verhältnis von 0,7 im Jahr 2011 veranschaulicht die Unterschiede in den systemischen Risiken. Eine Bank in Deutschland mit Aktiva im Wert
von 1 Bio. € (die Bilanzsumme der Deutschen Bank beträgt z. B. 1,6 Bio. €, die
der Erste Group Bank 0,2 Bio. €) würde im Falle einer Immobilienkrise ein systemisches Risiko in Höhe von 78 Mil. € darstellen. Dieselbe Bank würde jedoch in
einem Land wie den USA mit einem weit niedrigeren Bank-Markt-Verhältnis lediglich ein systemisches Risiko in Höhe von 48 Mil. € darstellen.

Bankorientierte Finanzsysteme zeichnen sich durch ein niedrigeres Wachstum
aus. Diese Wachstumseinbußen treten gerade dann ein, wenn Vermögenswerte
stark fallen. Diese zweite Hypothese beruht auf einer ähnlichen Argumentati-
onskette wie die erste, stellt allerdings einen anderen Aspekt in den Vordergrund.
Wenn Banken in einer Rezession wenig Kredite vergeben, werden manche Projekte, obwohl sie rentabel wären, nicht finanziert. Vergeben Banken dagegen in
einem Boom zu viele Kredite, werden auch Projekte finanziert, die unter normalen Bedingungen nicht mehr rentabel sind. Diese beiden Effekte führen zu einer
ineffizienten Kapitalverwendung, welche das Wirtschaftswachstum dämpft.

Diese zweite Hypothese wird in der Studie ebenfalls empirisch verifiziert.
Hierzu verwenden die Autoren Daten von rund 750 Banken aus dem Zeitraum
1988 bis 2011. Sie finden heraus, dass das Bank-Markt-Verhältnis negativ mit
dem BIP-Wachstum korreliert ist. Das bedeutet, dass eine Erhöhung der Kapitalisierung im Bankensystem im Vergleich zum Aktien- und Anleihenmarkt in den
folgenden Jahren ein niedrigeres Wachstum erwarten lässt, wenn andere Ursachen
für Wachstumsunterschiede ausgeblendet werden.

Der Einfluss des Bank-Markt-Verhältnisses auf das systemische Risiko und
die wirtschaftliche Entwicklung ist besonders bei Immobilienkrisen relevant,
während bei einer Börsenkrise der Einfluss eher gering ist. Konkret bedeutet dies,
dass das jährliche Wachstum in einem Land, dessen Bank-Markt-Verhältnis dem
deutschen ähnelt, im Falle einer fünf Jahre andauernden Immobilienkrise um 3,6
Prozentpunkte stärker gehemmt wird, als das Wachstum eines Landes, dessen
Finanzmarktstruktur den USA ähnelt. Dieser Unterschied erklärt sich durch die
wichtige Rolle, die Immobilien als Sicherheiten bei der Kreditvergabe spielen.

Angesichts der ungünstigen Auswirkungen einer hohen Bankenorientierung
stellt sich die Frage, wieso diese sich in Europa so stark herausgebildet hat. Das
überdurchschnittliche Wachstum des Bankensektors hat hauptsächlich in den letzten zwei Jahrzehnten stattgefunden und ist ausschließlich auf das Wachstum der
zwanzig größten Banken zurückzuführen. Diese Beobachtung lässt vermuten,
dass staatliche Regulierungen diese Entwicklung begünstigt haben. Der Zwang
zur staatlichen Stützung von Banken, welche zu groß zum Scheitern (Too-Big-
To-Fail) sind, lässt Banken eine Vergrößerung Ihrer Bilanzsumme anstreben, da

ihnen die implizite Staatsgarantie niedrigere Finanzierungskosten ermöglicht. Darüber hinaus neigen die europäischen Aufsichtsbehörden im Vergleich zu den amerikanischen dazu, Probleme von in Schwierigkeiten geratenen Banken eher durch Fusion als durch Abwicklung zu lösen.

In jüngster Vergangenheit gab es vier Gesetzesänderungen in der EU, welche dieser Entwicklung entgegenwirken und Banken stärker regulieren sollen. Dies sind erhöhte Kapitalvorschriften, eine zentralisierte Aufsichtsbehörde, eine neue Bankenabwicklungsrichtlinie (BRRD) sowie ein neuer einheitlicher Mechanismus zur Bankenabwicklung (SRM).

▶ Die europäische Kommission plant mit der Errichtung einer Kapitalmarktunion der starken Bankenorientierung entgegenzuwirken und will die Möglichkeiten für eine marktorientierte Unternehmensfinanzierung verbessern.

Neben der stärkeren Regulierung von Banken hilft auch eine Weiterentwicklung des Wertpapiermarktes. Diese Weiterentwicklung ist ein Schlüsselvorhaben der Europäischen Kommission unter Präsident J.-C. Juncker, welche damit die bereits eingeführte Bankenunion durch eine Kapitalmarktunion komplettieren und damit den europäischen Unternehmen neue Finanzierungsmöglichkeiten eröffnen möchte. Die Studie empfiehlt in diesem Sinne, die weitere Integration der europäischen Börsen voranzutreiben, den Zugang zum Kapitalmarkt vor allem für kleine und mittlere Unternehmen zu erleichtern und die Entwicklung von Märkten für besicherte Unternehmensanleihen (sog. *asset backed securities* bzw. *ABS*-Märkten) zu fördern.

Verwundbare Banken

Michael Kogler

Relevanz

Die Verflochtenheit der Banken über gegenseitige Kreditbeziehungen und über den Wertpapierhandel begünstigt das Entstehen systemischer Risiken. Werden Interbankenkredite notleidend, geraten andere Banken in Schwierigkeiten. Tätigen Banken umfangreiche Notverkäufe, kann dies einen Preisverfall auslösen und auch die Vermögenswerte anderer Institute reduzieren. Der Beitrag einzelner Banken zum systemischen Risiko kann sehr unterschiedlich sein und hängt bei weitem nicht nur von ihrer Größe ab. Um Krisenrobustheit und Wachstum gleichermaßen zu stärken, sollte nicht die Verschuldung der Banken und damit die Refinanzierung ihrer Kreditvergabe eingeschränkt, sondern mehr Eigenkapital gebildet werden. Dabei wäre es wichtig, gezielt Banken, die stark zum systemischen Risiko beitragen, mit mehr Eigenkapital auszustatten und generell die Bedingungen für die Eigenkapitalbildung zu verbessern.

Christian Keuschnigg

Quelle

Der nachfolgende Text ist eine Zusammenfassung von: Greenwood, Robin, Augustin Landier und David Thesmar (2015), Vulnerable Banks, Journal of Financial Economics 115, 471–485.

M. Kogler (✉)
Universität St. Gallen, St. Gallen, Schweiz
E-Mail: Michael.Kogler@unisg.ch

Die Finanzkrise zeigt, dass man Bankrisiken nicht isoliert betrachten kann, da sich die Krise einer einzelnen Bank mitunter rasch auf andere ausbreitet. Diese Ansteckungsgefahren motivierten massive Interventionen von Politik und Zentralbanken während der Krise (z. B. Liquiditätshilfen, Rekapitalisierungen oder Verstaatlichungen). Das Phänomen der Ansteckung, oft auch als systemisches Risiko bezeichnet, macht Banken besonders verwundbar und unterscheidet sie grundsätzlich von anderen Unternehmen. Dies begründet weitergehende Regulierung und Interventionen in diesem Sektor. Man unterscheidet zwischen zwei verschiedenen Ansteckungsmechanismen: Erstens sind Banken über gegenseitige Interbankkredite, welche in erster Linie der kurzfristigen Refinanzierung dienen, miteinander verbunden. Die Krise einer Bank führt zum Kreditausfall und zu Verlusten bei anderen Banken, wodurch diese ebenfalls in Schwierigkeiten geraten können. Zweitens sehen sich Banken mit Liquiditätsproblemen oder Verlusten infolge von Kreditausfällen oder Schwankungen von Wertpapierpreisen oft gezwungen, rasch Vermögenswerte zu veräußern. Mit den Verkaufserlösen können sie ihre Verbindlichkeiten reduzieren, bis ihr Eigenkapital ausreicht, die Kapitalvorschriften zu erfüllen (sog. Deleveraging). Die Alternative, zusätzliches Eigenkapital aufzunehmen, ist in einer Krisensituation oft schwierig und teuer. Für viele Vermögenswerte von Banken (z. B. Kredite, Sicherheiten) gibt es nur wenige Käufer, sodass kein liquider Markt existiert. Deshalb kann der Verkauf zu einem raschen Preisverfall führen. Davon sind auch andere Banken, welche dieselben Vermögenswerte in ihrer Bilanz halten, betroffen; sie müssen ihre Positionen wertberichtigen oder realisieren Verluste. Es kommt zur Ansteckung, da krisenbedingte Verkäufe einer Bank Verluste bei anderen Banken verursachen, sodass diese möglicherweise auch Notverkäufe durchführen müssen. Diese Abwärtsspirale – sogenannte *Fire Sales* – beschreibt die rasche, oft unkontrollierbare Ausbreitung eines Schocks über Assetpreise.

▶   Ansteckungsgefahren zwischen Banken bestehen durch Interbankkredite und eine Abwärtsspirale von Preisen illiquider Vermögenswerte (Fire Sales).

Greenwood, Landier und Thesmar (2015) analysieren dieses Phänomen und entwickeln ein strukturelles Modell, welches die zentralen Mechanismen illustriert: Aufgrund eines Preiseinbruchs bei bestimmten Wertpapierkategorien erleiden Banken Verluste, die ihr Eigenkapital schmälern. Sie liquidieren Teile ihrer Aktiva, um mit den Erlösen Verbindlichkeiten zu verringern und die Eigenkapitalquote wiederherzustellen. Solange die Vermögenswerte illiquid sind, führen Verkäufe zu einem Preisverfall und zu Verlusten bei anderen Banken. Solche Verkäufe können alle Vermögenswerte umfassen, nicht nur jene, welche den ursprünglichen Preisverfall erlitten. Der Einbruch von Staatsanleihenpreise kann beispielsweise auch zu einem Rückgang der Aktienpreise führen, sobald Banken darauf mit dem Verkauf von Aktien reagieren. Dieser Ansatz ermöglicht es, sowohl die Verwundbarkeit einzelner Banken gegenüber systemweitem Deleveraging als auch ihre Systemrelevanz (d. h. ihren Beitrag zu den Gesamtverlusten) zu quantifizieren. Damit werden die Auswirkungen eines Schuldenschnitts auf Staatsanleihen von GIIPS-Staaten und verschiedene Politikoptionen simuliert. Der zentrale Beitrag dieses Papiers liegt in der Entwicklung eines Ansatzes, welcher die wichtigsten Ansteckungsmechanismen illustriert und zur Simulation verschiedener Szenarien dient, und in der Quantifizierung von Systemrelevanz und Verwundbarkeit einzelner Banken.

Die individuelle *Verwundbarkeit* quantifiziert das Exposure einer Bank gegenüber einem plötzlichen Verfall von Assetpreisen gemessen an ihrem Eigenkapital. Die direkte Verwundbarkeit umfasst die Verluste, die unmittelbar aufgrund dieses Schocks auftreten (z. B. Wertberichtigungen der betroffenen Bilanzpositionen), die indirekte Verwundbarkeit jene weiteren Verluste, die aufgrund von Fire Sales entstehen und prinzipiell alle Vermögenswerte betreffen können. Die indirekte Verwundbarkeit hängt vom Verschuldungsgrad sowie vom Umfang jener Vermögenswerte, die stark von Fire Sales betroffen sind, in der Bankbilanz ab: Eine schwach kapitalisierte Bank mit vielen Assets, die illiquide sind und nach dem Preiseinbruch von zahlreichen Banken verkauft werden, gilt als besonders verwundbar.

Die *Systemrelevanz* hingegen beschreibt den Effekt des Deleveragings und der Notverkäufe einer bestimmten Bank auf das Eigenkapital des gesamten Bankensektors: Welcher Anteil des Eigenkapitals der Banken wird durch die Notverkäufe einer bestimmten Bank aufgezehrt? Eine Bank gilt dann als systemrelevant, wenn ihr Deleveraging einen starken Rückgang der Assetpreise mit hohen Verlusten für andere Banken auslöst. Die Systemrelevanz hängt von mehreren Faktoren ab: Größe und Verschuldungsgrad der Bank sowie die Höhe des Preiseinbruchs bestimmen den Umfang ihres Deleveragings. Die Verknüpfungen mit anderen Banken sind zentral: Eine Bank ist stark mit anderen verknüpft, wenn sie über viele illiquide Assets verfügt, die in großem Umfang von anderen Banken gehalten werden. Dann hat ihr Deleveraging einen besonders starken Effekt. Die Summe der individuellen Beiträge der Banken zum aggregierten Eigenkapitalverlust entspricht schließlich den Verlusten aller Banken durch Fire Sales. Diese Größe quantifiziert das systemische Risiko des Bankensektors.

▶   Grösse, Verschuldungsgrad, Verknüpfung mit anderen Banken und die Verwundbarkeit gegenüber dem Preisverfall bestimmen die Systemrelevanz einer Bank.

Greenwood u. a. (2015) simulieren die Auswirkungen eines Schuldenschnitts auf Staatsanleihen der GIIPS-Staaten – Griechenland, Italien, Irland, Portugal und Spanien – in Höhe von 50 %. Dazu verwenden sie Bilanzdaten der 90 größten europäischen Banken aus dem EBA Stresstest 2011, als die Banken stärker als heute in den betroffenen Staaten investiert waren. Eine typische Bankbilanz besteht aus bis zu 42 Assetkategorien, die alle von Fire Sales betroffen sein können. Die wichtigsten Kategorien sind Unternehmenskredite (29 % der gesamten Bankaktiva), Hypotheken (20 %) und Staatsanleihen (13 %). Basierend auf diesen Daten wird die Verwundbarkeit jeder einzelnen Bank berechnet: Im Durchschnitt verursacht der Schuldenschnitt unmittelbare Wertberichtigungen und Verluste von 111 % des Eigenkapitals. Diese lösen Notverkäufe und einen Preisverfall mit zusätzlichen Verlusten im Umfang von 302 % aus. Der indirekte Effekt der Fire Sales ist also substanziell höher als der direkte Effekt des Schuldenschnitts. Zudem sind jene Banken, die am stärksten vom Schuldenschnitt betroffen sind, nicht identisch mit jenen, die am stärksten unter den Notverkäufen leiden: Bei den *Österreichischen Volksbanken,* zum Beispiel, führen diese zu Verlusten von 483 % ihres Eigenkapitals wogegen der direkte Verlust des Schuldenschnitts nur 20 % des Eigenkapitals beträgt. Diese Diskrepanz lässt sich dadurch erklären, dass die Volksbank vergleichsweise wenige betroffene Staatsanleihen, jedoch viele illiquide Vermögenswerte, die in der Folge stark unter Fire Sales leiden, in ihrer Bilanz hält.

Ebenso kann man die Systemrelevanz einer Bank, der Beitrag ihres Deleveragings zu den aggregierten Verlusten, berechnen: Der Schuldenschnitt führt zu direkten Verlusten im Umfang von 381 Mrd. € bzw. rund 40 % des gesamten Eigenkapitals des Bankensektors und löst Notverkäufe mit Verlusten im Umfang von 245 % des gesamten Eigenkapitals aus. Die aggregierten Verluste durch Fire Sales sind mehr als sechsmal höher als die unmittelbaren Verluste infolge des Schuldenschnitts. Erstere können in die Beiträge durch das Deleveraging jeder einzelnen Bank zerlegt werden: Die höchsten Verluste entstehen aufgrund der Notverkäufe der *Banco Santander* (21 % des aggregierten Eigenkapitals), der *Unicredit* (19 %) und der *Intensa SanPaolo* (19 %), welche daher als die drei systemrelevantesten Banken gelten. Die Systemrelevanz besteht aus drei Komponenten: Größe, Umfang der Fire Sales und Verknüpfungen mit anderen Banken. Eine große Bank ist auch systemrelevant, wenn sie aufgrund des Schuldenschnitts ein starkes Deleveraging durchführt (z. B. weil sie viele betroffene Staatsanleihen hält und wenig Eigenkapital hat) und dieses vorwiegend den Verkauf illiquider Vermögenswerte, die von vielen anderen Banken gehalten werden, umfasst. Diese Verknüpfungseffekte erklären, weshalb die größte Bank der EU, die *HSBC,* nicht zu den zehn systemrelevantesten Banken gehört, Banken mit bestenfalls durchschnittlicher Größe wie die *Monte Dei Paschi di Siena* oder die *Caja de Ahorros Y Pensiones de Barcelona* hingegen schon.

▶ Die Eigenkapitalverluste des Bankensektors durch Fire Sales sind mehr als sechsmal so hoch wie die direkten Verluste durch einen Schuldenschnitt.

Basierend auf diesem Szenario simulieren Greenwood u. a. (2015) verschiedene wirtschaftspolitische Maßnahmen mit dem Ziel, das systemische Risiko (d. h., die aggregierten Verluste durch Fire Sales) zu verringern. Eine teilweise Renationalisierung der GIIPS-Staatsschulden kann das systemische Risiko um acht Prozent verringern. Dieses Ergebnis hängt allerdings stark von der Tatsache ab, dass Banken in den GIIPS-Staaten besser kapitalisiert sind, sodass der Schuldenschnitt bei ihnen ein geringeres Deleveraging auslöst als bei den schwächer kapitalisierten Banken in nicht GIIPS-Staaten. Die Renationalisierung verlagert das Exposure zu den besser kapitalisierten Banken, was den Umfang der Notverkäufe und das systemische Risiko reduziert. Die oft diskutierte Idee von Eurobonds wird so abgebildet, dass jede Bank dasselbe, diversifizierte Portfolio aller europäischen Staatsanleihen hält. Dies erhöht allerdings die Verwundbarkeit schwächer kapitalisierter nicht GIIPS Banken, welche dadurch mehr GIIPS- und weniger deutsche Staatsanleihen halten, und erhöht das systemische Risiko um acht Prozent.

Eine spürbare Reduktion des systemischen Risikos kann durch eine Begrenzung der Verschuldung erreicht werden: Zum Beispiel verringert ein maximaler Verschuldungsgrad von 15 – dies entspricht einer Eigenkapitalquote von knapp sieben Prozent – das systemische Risiko um 28 %. Allerdings erfordert dies eine drastische Erhöhung des aggregierten Eigenkapitals um 480 Mrd. €. Einen ähnlichen Effekt kann man wesentlich effizienter erreichen, indem gezielt systemrelevante Banken rekapitalisiert werden: Eine gezielte Rekapitalisierung im Umfang von 200 Mrd. € führt zu einer vergleichbaren Reduktion des systemischen Risikos (26 %) wie die erwähnte Begrenzung des Verschuldungsgrades, welche allerdings den Einsatz von mehr als doppelt so viel Eigenkapital erfordert.

▶ Die Begrenzung des Verschuldungsgrades und die gezielte Rekapitalisierung systemrelevanter Banken verringern das systemische Risiko am stärksten.

Zentrales Ergebnis der Analyse von Greenwood u. a. (2015) ist die quantitative Relevanz von Fire Sales: Die aggregierten Eigenkapitalverluste durch Fire Sales infolge eines Schuldenschnitts auf GIIPS-Anleihen sind mehr als sechsmal so hoch wie die unmittelbaren Verluste durch den Schuldenschnitt selbst. Dies unterstreicht die Wichtigkeit von Ansteckungseffekten, welche Banken besonders verwundbar machen. Ihre Analyse zeigt, dass der Beitrag einer Bank zu den aggregierten Verlusten, ihre Systemrelevanz, nicht nur von Größe, Verschuldungsgrad und Umfang des Preisverfalls sondern ganz besonders von Verknüpfungen mit anderen Banken, die durch das Halten derselben, illiquiden Vermögenswerte entstehen, abhängt. Simulationen zeigen, dass eine gezielte Rekapitalisierung systemrelevanter Banken das geeignetste Instrument darstellt, das systemische Risiko zu reduzieren.

Wenn sich die Staaten bei ihren Banken verschulden

Ieva Maniušytė

Relevanz

Wenn Staaten sich zu hoch verschulden, steigt das Risiko eines Zahlungsausfalls. Die Eurokrise hat gezeigt, wie die Preise von Staatsanleihen abstürzen und die Risikoprämien und Renditen in die Höhe schießen, wenn die Schuldentragfähigkeit zweifelhaft wird. Die regulatorische Bevorzugung von Staatsanleihen bei den Eigenkapitalanforderungen von Banken, die Jagd nach Rendite besonders bei schlecht kapitalisierten Banken, und auch politische Einflussnahme bei staatsnahen Banken hat dazu geführt, dass gerade in Krisenstaaten die Banken eher in Staatsanleihen investiert haben, anstatt Kredite zu vergeben. Eine solche Entwicklung bremst das Wachstum und erhöht die Verwundbarkeit des Bankensektors bei einer Staatsschuldenkrise. Der Staat soll jedoch ein Anker der Sicherheit sein und nicht eine Quelle des Risikos. Er kann mit soliden Staatsfinanzen den Grundstein für einen krisenrobusten Bankensektor legen und mehr Wachstum und Stabilität der Realwirtschaft ermöglichen.

Christian Keuschnigg

Quelle

Der nachfolgende Text ist eine Zusammenfassung von: Altavilla, Carlo, Marco Pagano and Saverio Simonelli (2017), Bank Exposures and Sovereign Stress Transmission, Review of Finance, Volume 21, Issue 6, Pages 2103–2139.

I. Maniušytė (✉)
Universität St. Gallen, St. Gallen, Schweiz
E-Mail: ieva.maniusyte@student.unisg.ch

© Der/die Autor(en) 2018
C. Keuschnigg (Hrsg.), *Inklusives Wachstum und wirtschaftliche Sicherheit*,
https://doi.org/10.1007/978-3-658-21344-2_25

163

Die Staatsschuldenkrise hat die engen Verflechtungen zwischen Staaten und Banken aufgedeckt. Diese Verflechtung hat Folgen für Risiko und Finanzstabilität sowie für die Kreditvergabe in Europa. Steigende Renditen von Staatsanleihen führten dazu, dass besonders in den europäischen Krisenstaaten die Banken ihr Engagement ausweiteten. Trotz realisierter Verluste z. B. im Zuge des griechischen Schuldenschnitts kauften sie weiter vor allem inländische Staatsanleihen. Damit setzten sich Banken jedoch den Schwankungen der Anleihepreise und damit hohen staatlichen Risiken aus. Abstürzende Anleihepreise führen zu Bewertungsverlusten und verringern das Eigenkapital. Weil sie Schwierigkeiten haben, neue Kredite mit Eigenkapital zu unterlegen, müssen die besonders betroffenen Banken oft die Kreditvergabe einschränken.

Um diesen Zusammenhängen auf den Grund zu gehen, haben Altavilla, Pagano und Simonelli einen neuen, umfangreichen Datensatz von 226 Banken in 18 Staaten der Eurozone für den Zeitraum 2007 bis 2015 ausgewertet. Sie untersuchten, welche Banken ihr Engagement bei Staatsanleihen besonders stark ausgeweitet haben und wie sich diese Entwicklung auf Bankrisiko und Kredite auswirkte. Das zentrale Ergebnis ist, dass Banken in Krisenstaaten wie z. B. Irland, Portugal oder Spanien, deren Anleihen hohe Risikoprämien und Renditen zahlten, wesentlich mehr Staatsanleihen kauften. Die Wachstumsrate der Anleihebestände betrug 1,9 % in Krisenstaaten im Vergleich zu 1 % in fiskalisch soliden Staaten. Banken im öffentlichen Besitz, die kürzlich gerettet wurden oder schwach kapitalisiert waren, haben sich mehr als andere engagiert. Mit ihren großen Anleihebeständen sind sie umso mehr den staatlichen Risiken ausgesetzt, was in der Krise die Ansteckung beschleunigt und die Kreditvergabe hemmt.

▶   In Krisenstaaten haben Banken inländische Staatsanleihen zweimal so schnell angehäuft wie in stabilen Staaten.

Über den Erwerb von Staatsanleihen durch Banken gibt es in der wissenschaftlichen Literatur zwei Hypothesen, nämlich Regierungseinfluss und Jagd nach Rendite. Vor allem öffentliche oder vor kurzem gerettete Banken sind eher gewillt, dem Einfluss der Regierung nachzugeben und inländische Staatsanleihen gerade dann zu erwerben, wenn der Staat unter Druck gerät. Auf der Jagd nach Rendite haben vor allem schwach kapitalisierte Banken einen Anreiz, in hochverzinsliche Staatsanleihen zu investieren. Sie neigen generell zu riskanterem Verhalten und nutzen stärker die regulatorische Vorzugsbehandlung staatlicher Risiken aus, wonach Banken ihre Staatsanleihen nicht mit Eigenmittel unterlegen müssen.

Die empirischen Ergebnisse stützen beide Hypothesen, da diese das Verhalten verschiedener Gruppen von Banken beschreiben. Einerseits zeigen die Forscher,

dass nach einem Preisrückgang bei Staatsanleihen von 1 % eine Bank in vollständig öffentlichem Besitz ihren Bestand um 0,4 % stärker ausweitet bzw. weniger
stark verringert als eine vollständig private. Kürzlich gerettete Banken weisen im
Vergleich zu anderen ein um 5,8 Prozentpunkte höheres Wachstum ihrer Anleihebestände aus. Das deutet auf Regierungseinfluss hin. Die großen Liquiditätssprit-
zen der EZB im Dezember 2011 und März 2012 haben die Neigung der Banken
zum Erwerb inländischer Staatsanleihen zusätzlich befördert. In diesen beiden
Monaten haben in Krisenstaaten die Staatsanleihen in den Bilanzen öffentlicher
Banken um 16,5 % stärker zugenommen als bei privaten Banken. Die zusätzliche Liquidität dürfte es den öffentlichen Banken erleichtert haben, mehr Staatsanleihen zu erwerben. Andererseits stützen die Daten auch die Hypothese von der
Jagd nach Rendite. Nach einem Preisverfall verbunden mit einem Renditeanstieg
schränken Banken mit geringerer Eigenkapitalquote ihr Engagement bei Staatsanleihen signifikant weniger stark ein als gut kapitalisierte Banken oder erhöhen es
sogar.

▶ In den Krisenstaaten und gerade während der Krise haben öffentliche
und schwach kapitalisierte Banken im Vergleich zu anderen den Anteil
von Staatsanleihen stärker ausgebaut. Kürzlich gerettete Banken kauften ebenfalls mehr Staatsanleihen als andere.

Der Erwerb von Staatsanleihen erhöht die gegenseitigen Ansteckungsgefahren,
da sich Banken den staatlichen Risiken stärker aussetzen. Die Risikoübertragung
ist statistisch und ökonomisch signifikant, wie sich an den gezahlten Preisen für
Credit Default Swaps (CDS) zeigt. In angeschlagenen Ländern und bei einer heimischen Bank mit durchschnittlichem Anleihebesitz führt ein Anstieg der CDS
Risikoprämie bei Staatsanleihen um 1 % punkt zu einem Anstieg der CDS Risikoprämie für Banken um 0,32 Prozentpunkte. Verglichen mit einer durchschnittlichen Risikoprämie von 3,7 % macht dieser Anstieg 8,5 % aus.
    Der Erwerb von Staatsanleihen beeinflusst die Kreditvergabe der Banken.
In Krisenstaaten sind Kredite an Unternehmen negativ mit der Anhäufung von
Staatsanleihen korreliert. Zwischen 2008 und 2015 erhöhte eine typische Bank
in ihrer Bilanz den Anteil inländischer Staatsanleihen von 1 auf 6 %, während der
Anteil der Unternehmenskredite von 28 auf 20 % zurückging, wie Abb. 1 zeigt.
Diese Entwicklung verschärft sich während einer Krise, wenn ein Preisverfall bei
Staatsanleihen eine Neubewertung des Anleiheportfolios notwendig macht. Wert-
berichtigungen und entstehende Verluste gehen zulasten des Eigenkapitals. In der
Folge verringern Banken ihre Kreditvergabe, um trotz des geringeren Eigenka-
pitals die regulatorischen Eigenkapitalvorschriften noch einhalten zu können.

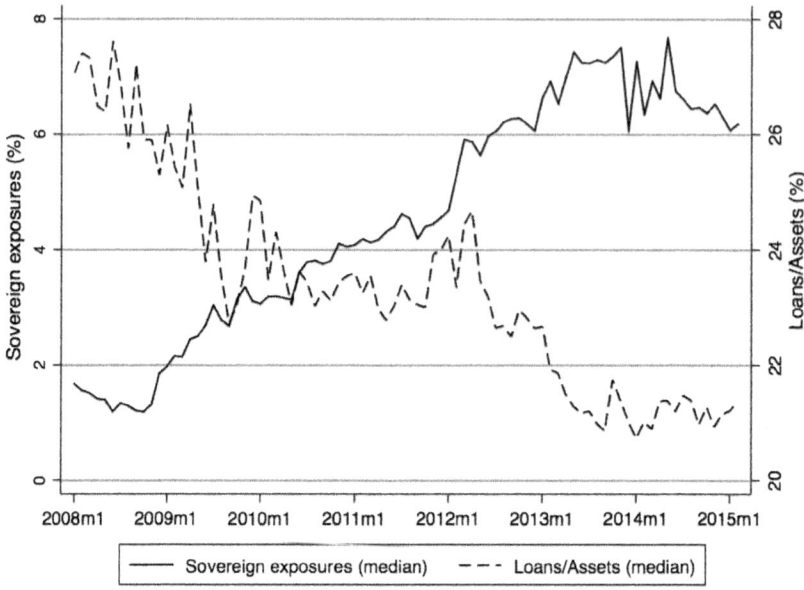

Abb. 1 Staatsanleihen und Kredite von Banken in Krisenländern. (Quelle: Altavilla u. a., 2017, 2112)

Zudem steigen tendenziell ihre Refinanzierungskosten, da sie ihren Kreditgebern weniger Sicherheiten hinterlegen können.

Abb. 1 zeigt die Anteile (Median) von Staatsanleihen und Krediten an Unternehmen in der Bilanz einer Bank in den europäischen Krisenstaaten im Zeitraum 2008–2015.

Wenn die Tragbarkeit der Staatsschuld zweifelhaft wird, steigen die Renditen und sinken die Preise. Altavilla, Pagano und Simonelli schätzen, dass ein Preisrückgang bei zehnjährigen Staatsanleihen um eine Standardabweichung (17 %) das Wachstum der Unternehmenskredite einer inländischen Bank um bis zu 1,4 Prozentpunkte bremst. Das ist im Vergleich zum durchschnittlichen Kreditwachstum von −0,4 % in Krisenstaaten ein ganz erheblicher Rückgang. Vor allem die heimischen Banken sind dem Staatsschuldenrisiko überdurchschnittlich ausgesetzt und schränken die Kreditvergabe besonders stark ein, während Tochtergesellschaften ausländischer Banken in den Krisenstaaten ihre Kredite nicht signifikant verringern. Umgekehrt vergeben Tochterbanken im Ausland signifikant weniger Kredite, wenn die Konzernmutter im Krisenland Verluste auf ihre

Staatsanleihen erleidet. Die Forscher können damit zeigen, dass der negative Effekt von riskanten Staatsschulden auf die Kreditvergabe robust ist und nicht etwa durch Scheinkorrelationen oder eine umgekehrte Kausalität getrieben wird.

> In Krisenstaaten verringert ein Rückgang der Anleihepreise um 17 % das Wachstum der Unternehmenskredite um bis zu 1,4 Prozentpunkte.

Das starke Engagement von Banken in Staatsanleihen der Krisenstaaten und die negative Folgen für die Kreditvergabe zeigen einen Änderungsbedarf bei der Bankenregulierung auf. Staatsanleihen werden derzeit im Vergleich zu Privat- und Unternehmenskrediten bevorzugt behandelt. Sie gehen mit einem Risikogewicht von null in die Berechnung der Kapitalvorschriften nach Basel ein, sodass sie nicht mit Eigenkaptal unterlegt werden müssen. Diese Bevorzugung schafft für Banken einen starken Anreiz, in Staatsanleihen zu investieren anstatt Kredite zu vergeben. Sie unterliegen auch keinen Portfoliobeschränkungen, welche den Anteil der Staatsanleihen in ihrer Bilanz begrenzen würden. In der Folge schwappt in einer Krise das Risiko der Staatsverschuldung auf den Bankensektor über und hemmt die Kreditvergabe. Das hemmt das Wachstum und hebelt die Bemühungen aus, die Krisenrobustheit der Banken zu stärken.

Antizyklische Kapitalpuffer und Kreditvergabe

Linda Kirschner

Relevanz

Banken pflegen mit „ihren" Unternehmen enge Geschäftsbeziehungen und können ihnen mit stabiler Kreditfinanzierung über schwierige Perioden hinweghelfen. Dazu brauchen sie eine solide Kapitalausstattung und müssen in Phasen des Booms, wenn sie gut verdienen, Reserven aufbauen, auf die sie in einer Rezession zurückgreifen können. So gelingt es ihnen, für ihre Firmenkunden eine stetige Kreditfinanzierung sicherzustellen und für die Gesamtwirtschaft den Abschwung abzumildern, damit weniger Jobs vernichtet werden. Auf diesem Weg können ein gut kapitalisierter Bankensektor und eine Regulierung mit antizyklischen Kapitalpuffern wesentlich zur wirtschaftlichen Sicherheit und zu stabilem Wachstum beitragen.

Christian Keuschnigg

Quelle

Der nachfolgende Text ist eine Zusammenfassung von: Jiménez, Gabriel, Steven Ongena, José-Luis Peydró und Jesús Saurina, Macroprudential Policy, Countercyclical Bank Capital Buffers and Credit Supply, Journal of Political Economy 125, no. 6 (December 2017): 2126–2177.

L. Kirschner (✉)
Universität St. Gallen, St. Gallen, Schweiz
E-Mail: linda.kirschner@unisg.ch

© Der/die Autor(en) 2018   169
C. Keuschnigg (Hrsg.), *Inklusives Wachstum und wirtschaftliche Sicherheit,*
https://doi.org/10.1007/978-3-658-21344-2_26

Bankenkrisen sind keine Seltenheit. Sie treten meist nach längeren Perioden des Booms mit starkem Kreditwachstum ein und verschärfen die Rezession. Angesichts der negativen Auswirkungen auf die Realwirtschaft besteht Konsens zwischen Wissenschaft und Politik, dass die Regulierung des Finanzsystems auch zur makroökonomischen Stabilisierung (makro-prudenzielle Regulierung) beitragen soll, um negative Folgen einer Kreditklemme auf die Realwirtschaft zu vermeiden. Nach Basel III sind antizyklische Kapitalpuffer vorgesehen, wonach die Banken in Phasen des Booms, wo sie gut verdienen, zusätzliche Kapitalreserven bilden müssen, die sie in der Rezession wieder abbauen können. Dieser Mechanismus trägt dazu bei, kreditgetriebene Boomphasen etwas abzukühlen, und sorgt in der Rezession für Entspannung. Antizyklische Kapitalpuffer sollen dazu beitragen, die Kreditvergabe der Banken über die Zeit zu glätten und damit die Konjunkturschwankungen zu stauchen.

Die Forscher versuchen, den Effekt eines solchen antizyklischen Kapitalpuffers auf das Kreditangebot und auf die realwirtschaftliche Aktivität zu quantifizieren. Konkret studieren sie, wie sich die Einführung dynamischer Kapitalreserven als Instrument der Risikovorsorgebildung in Spanien ausgewirkt hat. Dieses regulatorische Instrument ist im Wesentlichen mit einem antizyklischen Kapitalpuffer vergleichbar. Die spanische Zentralbank schreibt den regulierten Banken die Bildung von Rückstellungen nach einer statistischen Formel vor, welche auf zwei Komponenten abstellt, nämlich dem Volumen der Kreditvergabe und den zu erwarteten Wertminderungen relativ zum Durchschnitt des vergangenen Kreditzyklus. Für die Banken ergeben sich daher unterschiedliche Rückstellungen je nach Umfang und Struktur ihres Kreditportfolios. Wenn sie im Boom ihr Kreditvolumen ausweitet, muss sie mehr Rückstellungen bilden, wenn in einer Rezession das Kreditvolumen sinkt, dann weniger. Die andere Komponente hängt von den notwendigen Abschreibungen und damit von der Qualität ihres Kreditportfolios ab. Bei gutem Wirtschaftsgang gibt es wenig notleidende Kredite, so dass die Bank nur wenige Wertberichtigungen vornehmen muss, weniger als im Durchschnitt der letzten Jahre. Dann muss sie überdurchschnittlich hohe Rückstellungen bilden, um für die nächste Rezession vorzusorgen, und kann dies angesichts des guten Geschäftsgangs leicht tun. In einer Rezession nimmt die Anzahl notleidender Kredite zu, die Wertberichtigungen fallen relativ zur vergangenen Periode überdurchschnittlich hoch aus, und die Bank macht zudem wenig Gewinne. In diesem Fall schreibt die Formel nur geringe Rückstellungen vor und die Bank kann von ihren vorher aufgebauten Reserven zehren. Diese dynamische Risikovorsorgebildung ist somit ein vorwärts gerichtetes und stabilisierendes Instrument der Regulierung, da die Banken während guter Phasen höhere Rückstellungen zwecks Risikovorsorge bilden oder in Vorsorgefonds[1] einzahlen müssen und in Krisenzeiten diese Rückstellungen wieder aufzulösen können.

▶ In Spanien müssen Banken dynamische Kapitalreserven bilden. Im Boom werden sie mit hohen Rückstellungen aufgebaut, in der Rezession können Banken darauf zurückgreifen. Ziel ist es, die Kreditvergabe über den Konjunkturzyklus zu stabilisieren.

Die Forscher untersuchen den Einfluss der dynamischen Risikovorsorge auf die Kreditvergabe sowie auf den Kreditzugang der Unternehmen sowie die damit verbundenen Auswirkungen auf die Beschäftigung und Überlebenswahrscheinlichkeit von Firmen. Folgende Mechanismen stehen im Vordergrund. Das regulatorische Instrument wurde in einer *Hochphase* des Kreditzyklus (2000:Q1–2001:Q2) eingeführt. Die Hypothese ist, dass die von der Regulierung betroffenen Banken ihr Kreditangebot wegen der höheren Kapitalkosten verringern. Die Unternehmen versuchen, Kredite von anderen Banken zu erhalten. Sollte dies fehlschlagen, müssten sie als Folge der Kreditklemme ihre Beschäftigung senken und ihre Überlebensrate würde sinken. Die Regulierung würde damit im Boom etwas dämpfend wirken. Während der *Krisenphase* (2008:Q1–2010:Q1) konnten die Banken Rückstellungen auflösen, um Finanzierungsengpässe zu überbrücken. Zunächst durften nur 67 % der Rückstellungen aufgelöst werden, im vierten Quartal des Jahres 2008 wurde dies auf 90 % erhöht und Ende 2009 sogar auf 100 %. Wiederum untersuchen die Autoren das Kreditangebot sowie die realen Effekte auf den Unternehmenssektor. Um möglichst robuste Ergebnisse zu erzielen, kontrollieren die Forscher für zeitlich variierende Banken- und Firmencharakteristika, die neben der Regulierung ebenfalls Einfluss auf die Ergebnisse haben könnten. Sie nutzen den Datensatz der spanischen Zentralbank über die Vorsorgebildung der einzelnen Banken sowie Daten aus einem umfassenden Kreditregister, das alle nationalen Bankenkredite während eines Kreditzyklus aufzeichnet und sowohl Firmen- als auch Bankbilanzdaten zuordnet. Sie untersuchen Gewerbe- und Industriedarlehen von Geschäftsbanken, Sparkassen und Kreditkooperativen an Gesellschaften mit beschränkter Haftung. Der Datensatz umfasst 80 % der gesamten Kredite von über 175 Banken an 100.000 Unternehmen.

In der Hochphase während der Einführung der Regulierung stellt man eine erhebliche Streuung der dynamischen Rückstellungen für die Risikovorsorge

---

[1]Dynamische Risikovorsorgefonds zählen zum Tier-2 regulatorischen Kapital.

zwischen den Banken fest. Der Durchschnitt liegt bei 0,26 % der gesamten Vermögenswerte mit einer Standardabweichung von 0,1 %. Leider geben die Daten
keinen Aufschluss darüber, wie der Vorsorgebeitrag bezüglich der Bankcharakte-
ristika schwankt. Allerdings beobachten die Autoren, dass Banken mit einer niedrigeren Liquiditätsquote höhere Risikobeiträge leisteten. In der ersten Zeitspanne
der Hochphase ist der geschätzte Koeffizient für den dynamischen Vorsorgebeitrag statistisch signifikant. Eine Erhöhung um eine Standardabweichung (0,1 %)
reduziert die zugesagten Kredite um 4 Prozentpunkte. Dieser Effekt ist ökonomisch durchaus relevant, da die zugesagten Kreditlinien zwischen 2000:Q1 und
2001:Q2 im Durchschnitt um 2 % auf schrumpften.

▶   In der Hochphase führt eine Erhöhung von Rückstellungen für die
    dynamische Risikovorsorge um 0,1 % zu einem Rückgang des Kredit-
    angebots um 4 Prozentpunkte. Negative Auswirkungen auf die Real-
    wirtschaft bleiben weitgehend aus.

Auf Unternehmensebene würde man intuitiv erwarten, dass diese Reduzierung
des Kreditangebots die Finanzierungsmöglichkeiten einschränkt. Dies könnte
abgemildert werden, wenn die Unternehmen auf Kredite von anderen Banken
ausweichen könnten, die weniger von der Regulierung betroffen sind. Die Analyse zeigt, dass genau dies in Spanien der Fall war. Es ist in dieser Hochphase
kein statistisch signifikanter Effekt auf die Vermögenswerte, den Beschäftigungs-
grad und die Überlebensrate der Unternehmen zu beobachten. Man kann also
gut davon ausgehen, dass die dynamische Risikovorsorge während guter Zeiten
die Banken dazu veranlasst, ihre Kreditvergabe zu senken, allerdings nur bei den
betroffenen Banken. Nennenswerte Einschränkungen bei den Unternehmen sind
nicht zu erwarten.
    Andere Ergebnisse erhalten die Autoren bei der Untersuchung des Zeitraums
nach Eintreten der unerwarteten Kreditkrise nach 2008, als die Rückstellungen
aufgelöst und die Reserven langsam abgebaut wurden. Die Autoren nutzen die
Daten über den tatsächlichen Risikovorsorgepuffer, den die Banken kurz vor
dem Ausbruch der Krise aufgebaut haben. Diese Variable „*Dynamic Provision
Funds*" schwankt stark zwischen den einzelnen Banken und weist über den Zeitraum einen Durchschnittswert von 1,17 % der gesamten Vermögenswerte mit
einer Standardabweichung von 0,23 % auf. Der daraus geschätzte Koeffizient
ist statistisch und ökonomisch signifikant. Wenn die Beiträge der Bank vor der
Krise um eine Standardabweichung höher lagen, dann erlaubt dies ein um 8 Prozentpunkte höheres Kreditwachstum während der Krisenperiode. Eine Bank mit
einem durchschnittlichen Risikovorsorgepuffer von 1,17 % ihrer Vermögenswerte

verzeichnete ein um fast 41 Prozentpunkte höheres Kreditwachstum als eine Bank ohne einen solchen Kapitalpuffer.

▶ Eine Erhöhung des Vorsorgefonds um 1 Prozentpunkt vor der Krise erhöht in der folgenden Rezession die zugesagten Kredite um 9 Prozentpunkte, das Beschäftigungswachstum um 6 Prozentpunkte und die Überlebensrate der Unternehmen um 1 Prozentpunkt.

Die Kapitalregulierung hat Folgen für die von den Banken finanzierten Unternehmen. Unternehmen, deren Banken vor der Krise 1 Prozentpunkt mehr Kapital im Vorsorgefonds hielten, erhalten 9 Prozentpunkte mehr an zugesagten Kreditfazilitäten. In der Krise kam es zu einem durchschnittlichen Rückgang von zugesagten Krediten um 34 %. Banken mit einem hohen Kapitalpuffer konnten damit die Krise etwas entschärfen und die Lage in den von ihnen finanzierten Unternehmen wenigstens zum Teil stabilisieren. Das Beschäftigungswachstum in den Unternehmen, deren Banken mit hohen Kapitalreserven ausgestattet waren, entwickelte sich wesentlich positiver als in anderen Unternehmen. Der geschätzte Koeffizient von 0,056 bedeutet ein knapp 6 Prozentpunkte stärkeres Wachstum für jeden zusätzlichen Prozentpunkt an Fondsvermögen vor der Krise. Der durchschnittliche Einbruch der Beschäftigung lag in dieser Krisenperiode bei −14 %. Das höhere Wachstum konnte diesen starken Rückgang wenigstens teilweise ausgleichen. Die Auswirkung auf die Überlebensrate der Unternehmen ist ähnlich. Ein um 1 Prozentpunkt höherer Puffer führte zu 1 Prozentpunkt höherer Überlebenswahrscheinlich-keit. Im Durchschnitt wurden während der Krisenperiode 6 % der Unternehmen zahlungsunfähig.

Mit der Hausbank durch die Krise

Dominik Schläfli

Relevanz

Hausbanken sind lokal verankert und pflegen dauerhafte Geschäftsbeziehungen. Anders als bei normalen Geschäftsbanken genügt ihnen eine einmalige Prüfung der Kreditwürdigkeit nicht. Mit der Nähe zu den Unternehmen erhalten sie Zugang zu wichtigen Informationen jenseits der harten Ertrags- und Bilanzkennzahlen. Sie kennen ihre Kunden ganz genau. Deshalb können sie auch in Krisenzeiten die Kreditlinien weiterführen, wenn die Unternehmen profitabel sind. Sie vergeben größere Kreditbeträge und verlangen niedrigere Zinsen, um schwierige Zeiten überwinden zu helfen. Sie wählen eine höhere Kapitalausstattung, die ihnen in Krisenzeiten als Puffer dient. In guten Zeiten, wenn die Firmen leichter zahlen können, fordern Hausbanken tendenziell höhere Zinsen. So können sie entgangene Zinserträge nachholen und die höheren Kosten für intensivere Geschäftsbeziehungen hereinspielen. Eine Hausbank zahlt sich gerade auch für riskantere, aber längerfristig oft profitablere Unternehmen aus. Dauerhafte Geschäftsbeziehungen wirken eben wie eine Versicherung. Auch die Gesamtwirtschaft profitiert. Das Geschäftsmodell der Hausbanken trägt dazu bei, Krisen abzumildern und die Konjunktur zu glätten.

Christian Keuschnigg und Michael Kogler

D. Schläfli (✉)
Universität St. Gallen, St. Gallen, Schweiz
E-Mail: dominik.schlaefli@student.unisg.ch

© Der/die Autor(en) 2018
C. Keuschnigg (Hrsg.), *Inklusives Wachstum und wirtschaftliche Sicherheit*,
https://doi.org/10.1007/978-3-658-21344-2_27

175

Quelle

Der nachfolgende Text ist eine Zusammenfassung von: Bolton, Patrick, Xavier Freixas, Leonardo Gambacorta und Paolo Emilio Mistrulli (2016), Relationship and Transaction Lending in a Crisis, Review of Financial Studies 29, 2643–2676.

Ein erfolgreiches Unternehmen braucht eine solide Finanzierung. Banken stellen Kredite zur Verfügung. In wirtschaftlich guten Zeiten bereitet die Kreditfinanzierung wenig Probleme, in einer Krise sieht es dagegen schlechter aus. Welche Banken sind auch in schwierigen Zeiten willens und in der Lage, den Unternehmen dringend benötigtes Kapital zur Verfügung zu stellen? Das Forscherteam Bolton, Freixas, Gambacorta und Mistrulli untersuchen die Kreditvergabe während einer Finanzkrise im Unterschied zu normalen Zeiten und beleuchten die Bedeutung der Qualität von Bankbeziehungen.

Die meisten Unternehmen haben Geschäftsbeziehungen zu mehreren Banken. Dabei sind zwei Kategorien zu unterscheiden. Die Hausbanken, meist lokal verankerte Geschäftsbanken, unterhalten dauerhafte Beziehungen zu ihren Kunden. Sie vergeben Kredite wiederholt und über einen längeren Zeitraum. Dabei prüfen sie laufend die Kreditwürdigkeit des Unternehmens und erhalten einen vertieften Einblick in dessen Geschäftstätigkeit. Sie kennen ihre Kunden ganz genau. Ihnen stehen die anderen Finanzinstitute gegenüber, also „Nicht-Hausbanken", die in der Folge als „normale" Geschäftsbanken bezeichnet werden. Sie vergeben Kredite oft nur einmalig und prüfen bloß die gegenwärtige Kreditwürdigkeit eines Unternehmens, ohne eine engere und dauerhaftere Beziehung aufzubauen.

Die Forscher gehen von der Hypothese aus, dass Hausbanken dank ihrer langfristigen Kundenbeziehungen den Charakter und Zustand ihrer Unternehmen besser beurteilen können. Im Wissen um die grundsätzliche Kreditwürdigkeit können sie die Kreditvergabe auch in wirtschaftlich schwierigen Zeiten aufrechterhalten. Um über vorübergehende Schwierigkeiten hinwegzuhelfen, verlangen sie in schlechten Zeiten auch niedrigere Zinsen als normale Geschäftsbanken. Im Gegenzug müssen sie in guten Zeiten vergleichsweise höhere Zinsen ansetzen, um entgangene Zinserträge hereinzuholen und die höheren Kosten einer intensiveren Kundenbetreuung abzudecken. Um ihre Hypothesen zu überprüfen, verwenden die Forscher einen Datensatz aus dem Kreditregister der italienischen Zentralbank mit Informationen über die Kreditvergabe von 179 italienischen Banken an über 72.000 Unternehmen zwischen 2007 und 2010. Ein besonderer Vorteil der Daten ist, dass die Forscher insbesondere auch die Veränderungen in der Kreditvergabe während der Finanzkrise untersuchen können.

Ähnlich wie in früheren Studien messen die Wissenschaftler die Qualität einer Bankbeziehung anhand der geografischen Distanz zwischen Bank und Unternehmen. Für eine Bank ist es wesentlich einfacher, neben den üblichen Kennzahlen zusätzliche „weiche" Informationen zu erhalten, je geringer die Distanz zum Unternehmen ist. Denn dazu ist ein regelmäßiger, oft auch persönlicher Austausch notwendig. Entsprechend stufen die Ökonomen eine Bank als Hausbank ein, wenn sich die Hauptsitze von Bank und Unternehmen in derselben Provinz befinden. Eine Bank kann somit für Kreditnehmer in derselben Provinz als Hausbank und für Kreditnehmer in anderen Provinzen als normale Geschäftsbank tätig sein.

▶ Unternehmen mit einem höheren Anteil an Krediten von normalen Geschäftsbanken weisen eine signifikant höhere Insolvenzwahrscheinlichkeit auf.

Zunächst schätzen die Forscher, wie sich die Struktur der Kredite eines Unternehmens auf dessen Insolvenzwahrscheinlichkeit während der Finanzkrise (2008–2010) auswirkt. Diese steigt mit zunehmendem Anteil von normalen Geschäftskrediten an. Die Insolvenzwahrscheinlichkeit während der Krise ist bei Firmen mit normalen Geschäftskrediten um 0,3 Prozentpunkte höher als bei einem vergleichbaren Unternehmen, das sich ausschließlich von Hausbanken finanziert. Dieser Unterschied ist statistisch signifikant und ökonomisch bedeutsam, zumal die durchschnittliche Insolvenzwahrscheinlichkeit rund 1 % beträgt. Der Unterschied beträgt also knapp ein Drittel. Für die bessere Kundenkenntnis der Hausbanken spricht auch, dass bei Hausbankkrediten ein positiver Zusammenhang zwischen der Insolvenzwahrscheinlichkeit und dem Kreditzins besteht. Hausbanken lassen sich ein höheres Risiko durch einen höheren Zins abgelten. Bei normalen Geschäftskrediten ist dieser Zusammenhang jedoch negativ. Dies bedeutet, dass Hausbanken das Risiko einer Firma besser einschätzen und somit adäquatere Zinsen verlangen. Beide Ergebnisse weisen darauf hin, dass Hausbanken durch ihre stete Beobachtung und Begleitung des Kreditnehmers bessere Informationen über dessen Risiko verfügen. Dadurch können sie gezielter Kredite an finanziell solide Unternehmen vergeben und den Zinssatz risikogerecht festlegen.

▶ In der Finanzkrise stellen Hausbanken ihren Unternehmen ein um 30 % höheres Kreditvolumen zur Verfügung und verlangen einen um 0,12 Prozentpunkte niedrigeren Zins als normale Geschäftsbanken.

Abb. 1 zeigt, dass Hausbanken ihre Kreditnehmer quasi „versichern", indem sie gerade während der Krise ein vergleichsweise höheres Kreditvolumen zu niedrigeren Zinsen anbieten. In wirtschaftlich guten Zeiten sind dagegen die Kredite von normalen Geschäftsbanken billiger. Der Zinsunterschied beträgt rund 0,08 Prozentpunkte. In schlechten Zeiten zeigt sich ein gegenteiliges Ergebnis. Hausbanken verlangen einen um 0,12 Prozentpunkte niedrigeren Kreditzins. Zudem stellen die Hausbanken

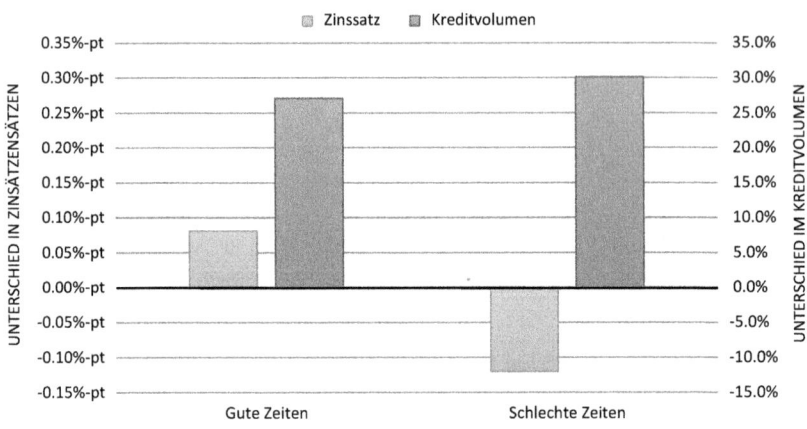

Die Unterschiede in den Zinssätzen werden in %-Punkten gemessen und sind auf der linken Achse abgebildet.
Die relative Menge an Krediten wird in % gemessen und ist auf der rechten Achse abgebildet.

Abb. 1 Unterschiede in den Kreditkonditionen von Hausbanken gegenüber normalen Geschäftsbanken. (Quelle: eigene Grafik aus Daten von Bolton u. a., 2016, 2667)

unabhängig von der konjunkturellen Lage den Unternehmen um 27 % größere Kreditbeträge zur Verfügung, in Krisenzeiten sogar noch mehr. Der Unterschied im Kreditvolumen relativ zu normalen Geschäftsbanken weitet sich in der Krise noch einmal um 3 %-Punkte auf 30 % aus. Dieser Unterschied kommt vor allem dadurch zustande, dass Hausbanken Kredite öfter verlängerten. Die Wahrscheinlichkeit, dass ein Kredit während der Finanzkrise nicht erneuert wird, ist bei normalen Geschäftsbanken etwa 6 Prozentpunkte höher ist als bei Hausbanken. Berücksichtigt man, dass manche Unternehmen insolvent wurden und somit von sich aus keinen Kredit mehr nachgefragt haben, beträgt der Unterschied bei den verbleibenden Firmen sogar 9 Prozentpunkte.

▶ Die Wahrscheinlichkeit, dass ein Kredit während der Finanzkrise nicht verlängert wird, ist bei normalen Geschäftsbanken um 6 bis 9 Prozentpunkte höher.

Die Unterschiede in den Kreditkosten zwischen Hausbanken und normalen Geschäftsbanken veranlassen die Unternehmen, ihre Finanzierungsquellen gezielt auszuwählen. Die Schätzungen zeigen, dass Hausbanken in guten Zeiten relativ höhere Zinsen verlangen (siehe Abb. 1), wobei der Kostennachteil für besonders sichere Unternehmen am größten ist. Diese haben daher einen Anreiz, Kredite vorwiegend bei normalen Geschäftsbanken aufzunehmen. In Krisenzeiten kehrt sich dieses Muster um. Die Quintessenz ist, dass die eher risikoreicheren Firmen mit den Hausbanken besser fahren. Weil sie ein höheres Risiko haben, zählt für sie die bessere Behandlung in der Krise mehr. Die Hausbanken können mit dem höheren Risiko auch besser umgehen, weil sie enge Beziehungen pflegen, stärker überwachen und schneller korrigierend eingreifen können, wenn sich Fehlentwicklungen abzeichnen.

Für sichere Unternehmen sind die Kredite bei normalen Geschäftsbanken stets billiger. Deshalb weisen sie in der Regel einen höheren Anteil solcher Kredite auf. Riskantere Unternehmen verlassen sich stärker auf ihre Hausbank. Sie sind bereit, in guten Zeiten höhere Zinsen zu bezahlen, um von der Fortführung der Kreditlinien und den besseren Konditionen in der Krise zu profitieren.

▶ Hausbanken haben eine um 3 Prozentpunkte höhere Eigenkapitalquote. Mit diesem Puffer können sie auch während einer Krise die Kreditlinien weiterführen.

Warum können Hausbanken während einer Krise mehr Kredite auch an riskantere Unternehmen vergeben? Sie sind besser kapitalisiert. Das höhere Eigenkapital dient in Krisenzeiten als Puffer und ermöglicht es, zahlreiche Kredite auch in einem schwierigen Umfeld weiterzuführen, wenn die Unternehmen längerfristig profitabel sind. Normale Geschäftsbanken, die kaum lokale Kredite vergeben, weisen dagegen eine im Schnitt um über 3 Prozentpunkte niedrigere risikogewichtete Eigenkapitalquote auf als reine Hausbanken. Diese Differenz ist beträchtlich, da das regulatorische Minimum nach Basel II bei 8 % lag. Das Geschäftsmodell der Hausbanken setzt eine stärkere Kapitalbasis voraus, damit sie auch in Krisenzeiten die Kreditbeziehungen aufrechterhalten können.

Wie Banken die Produktivität steigern

Hannah Winterberg

Relevanz

Damit sich Innovation entfalten kann, muss Strukturwandel stattfinden. Innovative Unternehmen wachsen stark, andere schrumpfen oder scheiden aus. Investitionskapital soll von wenig profitablen Verwendungen abgezogen werden und dorthin fließen, wo die Wertschöpfung hoch und die Perspektiven gut sind. Das steigert die Produktivität und stärkt das Wachstum. Mit der Kreditwürdigkeitsprüfung und laufenden Überwachung lenken die Banken die Kreditvergabe auf profitable Bereiche, wo die Rückzahlung ziemlich sicher ist. Kreditlinien nicht zu verlängern oder ganz abzuschreiben, wenn die Kreditwürdigkeit nicht mehr gegeben ist, hält Finanzierung von unprofitablen Verwendungen fern. Dazu brauchen Banken eine robuste Kapitalausstattung und müssen frei von staatlichen Interventionen sein, die oft auf den Erhalt von existierenden anstatt auf die Schaffung neuer Arbeitsplätze ausgerichtet sind und strukturkonservierend wirken.

Christian Keuschnigg

Quelle

Der nachfolgende Text ist eine Zusammenfassung von: Betrand, Marianne, Antoinette Schoar und David Thesmar (2007), Banking Deregulation and Industry Structure: Evidence from the French Banking Reforms of 1985, The Journal of Finance 62(2), 597–628.

H. Winterberg (✉)
Universität St. Gallen, St. Gallen, Schweiz
E-Mail: hannah.winterberg@student.unisg.ch

Ein leistungsfähiger Finanzsektor und eine schnell wachsende Wirtschaft gehen häufig Hand in Hand. Es ist jedoch schwierig, die Richtung der Kausalität zwischen Wirtschaftswachstum und der Entwicklung des Finanzsektors empirisch einwandfrei zu ermitteln. Die Autoren nutzen hierzu ein sogenanntes „natürliches Experiment", nämlich die Deregulierung des französischen Bankensektors in den 1980er Jahren, welche die Kreditvergabe von Banken entscheidend verändert hat. Um den Effekt der Deregulierung isoliert betrachten zu können, vergleichen sie die Entwicklung von Unternehmen in besonders bankabhängigen Branchen mit anderen Unternehmen, welche sich weniger stark über Bankenkredite finanzieren. Bei ihrer Analyse nutzen die Autoren einen sehr umfangreichen Datensatz der französischen Steuerbehörden mit Informationen zu rund 15.000 börsennotierten und privaten Unternehmen.

Der französische Bankensektor war bis Mitte der 1980er Jahre stark von staatlichen Eingriffen geprägt. Es existierte ein Netz staatlich bevorzugter Banken, welche subventionierte Kredite an Unternehmen vergaben, die als besonders förderungswürdig galten. Dabei wurde die staatlich organisierte Vergabe von subventionierten Krediten häufig zum Erhalt von Arbeitsplätzen genutzt. Schließlich wurden mehrere Institute verstaatlicht. Im Jahr 1979 war gut die Hälfte aller Kredite subventioniert und die Banken wiesen einen immer größer werdenden Anteil an notleidenden Krediten in ihren Bilanzen aus.

Ab 1985 wurde der französische Finanzsektor umfassend reformiert. Die staatliche Steuerung und Subventionierung von Krediten wurde abgeschafft, einige Banken privatisiert und die Geldpolitik weg von einer Kontrolle der Kreditvergabe hin zu einer Zinspolitik neu ausgerichtet. Fortan sollten die Kapitalflüsse durch den Markt gesteuert werden, wobei es bestimmte Reserveverpflichtungen zu beachten gab. Die Deregulierung der französischen Banken in den späten 1980er Jahren hat den Bankensektor von einem durch staatliche Intervention geprägten hin zu einem marktwirtschaftlichen System verwandelt.

Die Deregulierung des Bankensektors führte zu positiven Veränderungen im Finanzsystem wie auch in der Wirtschaft. Die Reform hatte Auswirkungen auf die Kreditvergabe der Banken und dadurch auf die Kapitalstruktur der Unternehmen. Zudem schuf sie einen Anreiz für Unternehmen, produktiver zu werden, und verstärkte die Dynamik von Unternehmensgründungen und Schließungen. Letztlich verringerte die Reform tendenziell auch die Marktkonzentration von Unternehmen bzw. deren Marktmacht.

▶   Nach der Reform sind Banken weniger bereit, schlecht gehende Unternehmen zu retten. Stattdessen unterstützen sie profitable Unternehmen während einer Krise durch zusätzliche Kredite.

Im Zuge der Deregulierung erlangten die Banken wieder Autonomie über ihre Kreditvergabe, wodurch sich die Effizienz verbesserte. Dies zeigt sich insbesondere darin, dass die Banken ihre Entscheidungen stärker an der Ertragsfähigkeit der Kreditnehmer ausrichteten. Vor der Reform erhielten auch unprofitable Unternehmen weitere Kredite, wenn sie in die Krise geraten waren. Nach der Reform gingen die Banken in solchen Fällen wesentlich restriktiver vor und waren oft nicht mehr bereit, schwache Unternehmen zu retten. Gleichzeitig führte die Reform zu einer stärkeren Kreditvergabe an grundsätzlich profitable Unternehmen, die auch während einer Krise weiter unterstützt wurden. Die Fähigkeit der Banken, ein erfolgreiches Geschäftsmodell zu erkennen, verbesserte sich. Vor der Reform wiesen Unternehmen nach einer Kreditaufnahme im Schnitt eine niedrigere Rentabilität auf als vorher. Dieser Zusammenhang wurde durch die Reform umgedreht. Seither ist die Kreditvergabe an ein Unternehmen ein Indikator für einen zu erwartenden Anstieg der Rentabilität.

▶ Betrug der Verschuldungsgrad der Unternehmen vor der Reform des Bankensektors noch im Schnitt 79 %, lag er danach bei 69 %. Dabei entfiel ein Großteil des Rückgangs auf den Abbau von Bankkrediten (−6 Prozentpunkte). Die Handelskredite sanken um 4 Prozentpunkte, während das Eigenkapital um 8 Prozentpunkte stieg.

Die geänderte Kreditvergabepolitik der Banken spiegelte sich auch in der Kapitalstruktur der Unternehmen wieder. Branchen, welche vor der Reform besonders stark von der Kreditfinanzierung der Banken abhängig waren und tendenziell stärker von subventionierten Krediten profitierten, verringerten die Verschuldung besonders stark. Die Schätzungen zeigen, dass der Rückgang der Bankkredite (im Verhältnis zur Bilanzsumme) in jenen Branchen um 7 Prozentpunkte stärker ausfiel als in nur schwach bankabhängigen. Auch die Kreditvergabe an unprofitable Unternehmen ging deutlich zurück: Unternehmen mit besonders niedriger Rentabilität reduzierten ihren Verschuldungsgrad von 55 auf 40 %, und damit mehr als doppelt so stark als der Durchschnitt (48 auf 42 %). Teilweise wurde der Rückgang des Fremdkapitals durch Handelskredite oder die Aufnahme von Eigenkapital ausgeglichen. Da sich im selben Zeitraum allerdings die Zinsen erhöht haben, ist nicht genau zu beziffern, welcher Anteil dieser Veränderungen auf die Reform und welcher auf die Zinsen zurückzuführen ist.

Die Reform des Bankensektors hatte realwirtschaftliche Konsequenzen. Industriezweige, welche besonders stark von Bankkrediten abhängig waren, wurden kosteneffektiver und wuchsen weniger stark. Diese Entwicklung deutet auf Überinvestitionen vor der Reform hin. Die Schrumpfung führte also zu einer effizienteren

Nutzung von Ressourcen und zu höheren Renditen. Der Anpassungsprozess hatte allerdings auch schmerzhafte Folgen. So sanken die Löhne relativ zu den Branchen, die sich weniger über Bankkrediten finanzierten.

▶ Die Deregulierung führte in besonders bankabhängigen Sektoren zu einem Rückgang der Bilanzsumme relativ zu anderen Sektoren um 6 % und der Löhne um 4 %.

Die Ergebnisse beziehen sich jeweils auf Branchendurchschnitte. Es stellt sich die Frage, ob bestehende Unternehmen ihre Effizienz verbessert haben, oder ob die Effizienzsteigerungen mehr auf das Entstehen von jungen, effizienten Unternehmen und dem Ausscheiden von besonders unprofitablen Firmen zurückgehen. Nach der Deregulierung des Bankensektors nahm die Zahl von Unternehmensgründungen, aber auch von Schließungen zu. Die damit verbundene Fluktuation von Arbeitskräften und Kapital stieg überdurchschnittlich stark in Branchen, welche vor der Reform besonders abhängig vom Bankensektor waren und danach einen aufgestauten Bedarf an Reallokation bewältigen mussten. In diesen Branchen ging auch die Marktkonzentration zurück. Die Marktanteile einzelner großer Unternehmen schrumpften und verteilten sich auf eine größere Anzahl von Firmen. Eine geringere Marktkonzentration bedeutet stärkeren Wettbewerb und wirkt sich tendenziell für die Konsumenten positiv aus. Die Autoren schlossen aus diesen Ergebnissen, dass die staatlichen Interventionen Unternehmensgründungen erschwerten und die etablierten Unternehmen bevorteilten.

▶ Nach der Reform stiegen die Markteintritte gemessen an den neu geschaffenen Vermögenswerten in besonders bankabhängigen Sektoren um 26 % stärker an.

Ein leistungsfähiger Bankensektor spielt somit eine wichtige Rolle, Innovation und Wachstum durch „schöpferische Zerstörung", wie es der österreichische Ökonom Josef Schumpeter nannte, voranzutreiben. Die Aufgabe alter Technologien und die Umlenkung von Arbeit und Kapital auf neue innovative Branchen ist dabei ein Motor des Wirtschaftswachstums und Fortschritts. Die Ergebnisse der Forscher deuten darauf hin, dass die starken staatlichen Eingriffe im Bankensektor letzten Endes die alteingesessenen Unternehmen vor der effizienzfördernden Konkurrenz neuer Markteintritte geschützt und damit Frankreichs Wachstum gebremst haben.

Zahltagkredite – Fluch oder Segen?

Thomas Spycher

Relevanz

Kurzfristige Kleinkredite über wenige Wochen ohne Sicherheiten sind teuer. Sie sind riskanter und haben zudem hohe Bearbeitungskosten. Trotzdem werden sie meist von Haushalten mit geringem Einkommen genutzt. Zahltagkredite helfen, vorübergehende Mehrausgaben oder unerwartete Einnahmenausfälle bis zum nächsten Gehaltseingang zu finanzieren. Sie stiften Nutzen, indem sie kostspielige Einschränkungen und einen Aufschub von notwendigen laufenden Ausgaben wie Medikamente, Zahnarzt, Telefon bis hin zum Essen vermeiden helfen. Aber gerade die Nutzer von Zahltagkrediten kommen wesentlich häufiger in finanzielle Schwierigkeiten als andere. Nutzen die Anbieter die Unwissenheit und mangelnde Selbstkontrolle der Kunden aus? Sollen sie deshalb mit Höchstzinsen reguliert oder gar verboten werden? Ein Konsumentenschutz mit Maß ist notwendig, aber darf auf den Nutzen nicht vergessen.

Christian Keuschnigg und Michael Kogler

Quelle

Der nachfolgende Text ist eine Zusammenfassung von: Melzer, Brian (2011), The Real Costs of Credit Access: Evidence from the Payday Lending Market, Quarterly Journal of Economics, 126 (1), 517–555.

T. Spycher (✉)
Universität St. Gallen, St. Gallen, Schweiz
E-Mail: thomas.spycher@unisg.ch

© Der/die Autor(en) 2018
C. Keuschnigg (Hrsg.), *Inklusives Wachstum und wirtschaftliche Sicherheit*,
https://doi.org/10.1007/978-3-658-21344-2_29

187

Spätestens seit der Finanzkrise wird die Regulierung von Finanzprodukten stärker diskutiert. In angelsächsischen Ländern stehen besonders so genannte Zahltagkredite (Payday Lending) in der Kritik. Die Kreditgeber würden sich mit hohen Zinssätzen und Gebühren auf Kosten von Haushalten mit geringen Einkommen bereichern. Zahltagkredite sind kurzfristig, ungesichert und für kleine Beträge. Wie der Name verrät, überbrücken sie in der Regel einen kurzfristigen finanziellen Engpass bis zum nächsten Lohneingang. Da Kreditgeber meist neben einem Bankkonto einen Einkommensnachweis verlangen, nehmen hauptsächlich Haushalte mit einem regelmäßigen Einkommen zwischen US$ 15.000 und 50.000 solche Kredite auf. Zahltagkredite sind vor allem in den USA und in Großbritannien verbreitet. Schätzungen gehen davon aus, dass in den USA über 10 Mio. Haushalte solche Kredite nutzen. Sie sind in Bezug auf Volumen, Laufzeit und Zinssatz jedoch nicht vergleichbar mit Konsumkrediten, welche in der Schweiz und in anderen kontinentaleuropäischen Ländern angeboten werden.

Die Diskussion über den Nutzen oder Schaden für die Kreditnehmer ist kontrovers. Einerseits ermöglichen es Klein- und Überbrückungskredite, dass die Haushalte einen nicht erwarteten Ausfall anderer Einnahmen oder plötzliche Mehrausgaben wie z. B. ungeplante Gesundheitsausgaben bewältigen können, ohne ihren Konsum übermäßig einschränken zu müssen. Der Zugang zu kurzfristigen Krediten hilft ihnen, finanzielle Engpässe zu überbrücken, was sie in jedem Fall besserstellt. Andererseits legen verhaltensökonomische Studien nahe, dass viele Personen die Kosten dieser Kleinkredite unterschätzen und die Kreditaufnahme oft impulsives Verhalten widerspiegelt. Diese Argumente werden ins Feld geführt, um Anbieter verstärkt zu regulieren oder die Angebote beispielsweise mithilfe eines Höchstzinssatzes zu erschweren.

▶   Der typische Zahltagkredit in den USA umfasst US$ 350 für 2 Wochen.
     Für diesen ungesicherten Kurzzeitkredit werden Gebühren von
     ca. US$ 15 pro US$ 100 fällig.

Brian Melzer untersucht, ob ein einfacherer Zugang zu Zahltagkrediten die Haushalte besserstellen und vorübergehende wirtschaftliche und finanzielle Nöte verringern kann. Er verwendet Daten aus einer detaillierten Befragung von knapp 9000 Haushalten mit einem Haushaltseinkommen von US$ 15.000 und 50.000 in den U.S. Bundesstaaten Massachusetts, New Jersey und New York zwischen 1997 und 2002. In diesen drei Bundesstaaten ist die Vergabe von Zahltagkrediten verboten. Aber es besteht die Möglichkeit, sich Geld in benachbarten Staaten zu leihen, wo solche Kredite erlaubt sind. Diesen Umstand nutzt die Analyse. Melzer zeigt, dass die Anzahl der Anbieter in den Grenzregionen der Nachbarstaaten, die an diese drei Bundesstaaten angrenzen, deutlich höher ist. Dies lässt den Schluss zu, dass Haushalte tatsächlich über die Grenzen von Bundesstaaten hinweg Zahltagkredite aufnehmen, wenn es zuhause nicht möglich ist. Der Vorteil dieses Ansatzes besteht darin, dass die Anpassung in den benachbarten Bundesstaaten unabhängig von den Entwicklungen im Heimatstaat ist. Damit wird es möglich, die Auswirkungen des Zugangs zu Zahltagkrediten von anderen Einflüssen im Heimatstaat zu isolieren und eindeutig festzumachen.

Die Studie vergleicht nun die finanzielle Situation von Haushalten, die in Grenznähe wohnen und daher leichter Zugang zu Zahltagkrediten im Nachbarstaat haben, mit jener von Haushalten ohne erleichtertem Zugang. Dabei wird der Effekt des Zahltagkredits auf verschiedene Arten von finanziellen Schwierigkeiten wie z. B. das Bezahlen von Rechnungen oder das Kürzen von Ausgaben infolge Geldnot geschätzt. Zudem umfasst die Befragung Informationen zu Gesundheitsausgaben wie etwa die Frage, ob Haushaltsmitglieder benötigte Gesundheitsausgaben verschieben mussten. Letzteres ist ein deutlicher Hinweis auf einen einschneidenden finanziellen Engpass.

Die empirische Evidenz deutet darauf hin, dass ein einfacherer Zugang zu Kleinkrediten die finanzielle Situation der betroffenen Haushalte nicht verbessert, sondern sogar verschlechtert. Nach Abb. 1 steigt die Wahrscheinlichkeit, in finanzielle Schwierigkeiten verschiedener Art zu geraten, mit dem Zugang zu Zahltagkrediten weiter an. Unabhängig davon, ob sie solche Kredite in Anspruch nahmen oder nicht, gaben rund 18 % aller Haushalte in der Stichprobe an, dass sie Gesundheitsausgaben verschieben mussten. Die Wahrscheinlichkeit für eine solche Einschränkung ist jedoch bei Haushalten mit Zugang zu Anbietern von Zahltagkrediten um rund 4,5 Prozentpunkte deutlich höher. Ein vergleichbarer Effekt zeigt sich auch bei anderen finanziellen Schwierigkeiten wie z. B. bei Problemen mit der rechtzeitigen Begleichung aller Rechnungen. Dabei berücksichtigt die Schätzung auch andere Einflussgrößen wie den sozioökonomischen Hintergrund der Haushalte sowie die speziellen Bedingungen in der Wohnsitzregion.

▶ Erleichterter Zugang zu Zahltagkrediten erhöht die Wahrscheinlichkeit, dass ein Haushalt in finanzielle Schwierigkeiten gerät, um 5,3 Prozentpunkte.

Finanzielle Schwierigkeiten sind häufiger bei geringen Einkommen verbreitet, und so zählen vorwiegend Haushalte mit einem Einkommen von US$ 15.000 bis 50.000 zu den potentiellen Nutzern von Kleinkrediten. Die Häufigkeit von finanziellen Schwierigkeiten nimmt nur in dieser Einkommensgruppe mit dem Zugang zu kurzfristigen Kleinkrediten zu. Die Nähe zu den Nachbarstaaten, die

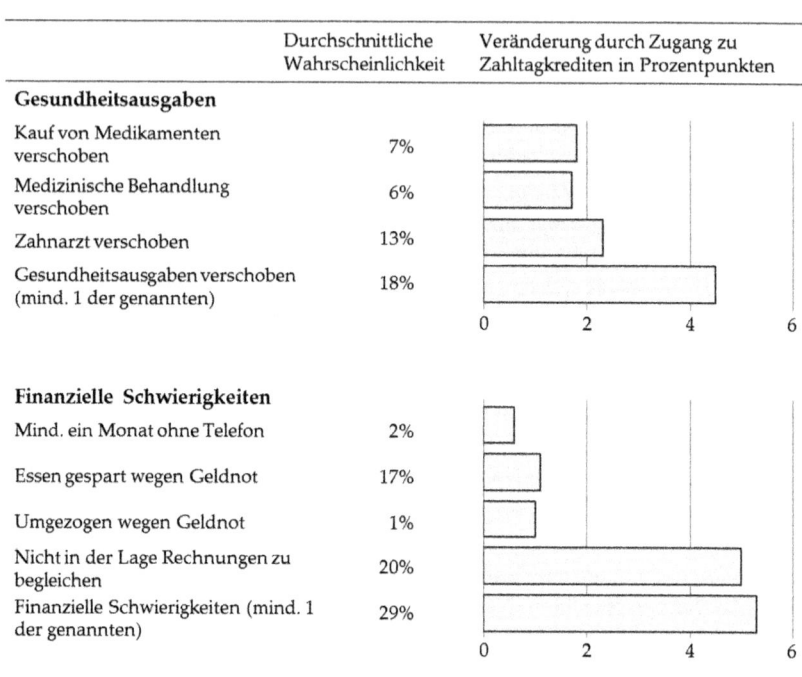

	Durchschnittliche Wahrscheinlichkeit	Veränderung durch Zugang zu Zahltagkrediten in Prozentpunkten
Gesundheitsausgaben		
Kauf von Medikamenten verschoben	7%	
Medizinische Behandlung verschoben	6%	
Zahnarzt verschoben	13%	
Gesundheitsausgaben verschoben (mind. 1 der genannten)	18%	
Finanzielle Schwierigkeiten		
Mind. ein Monat ohne Telefon	2%	
Essen gespart wegen Geldnot	17%	
Umgezogen wegen Geldnot	1%	
Nicht in der Lage Rechnungen zu begleichen	20%	
Finanzielle Schwierigkeiten (mind. 1 der genannten)	29%	

Abb. 1 Veränderung der wirtschaftlichen Lage durch Zahltagkredit. (Quelle: Melzer, 2011, 532)

solche Kredite erlauben, erleichtert den Zugang. Der Effekt auf die Häufigkeit von finanziellen Engpässen ist in dieser Gruppe besonders ausgeprägt, wenn eine Grenzregion eine große Anzahl Pendlern in den Nachbarstaat hat. Denn Pendler haben den einfachsten Zugang und die geringsten Reisekosten.

Ist der geschätzte Effekt eines verbesserten Zugangs zu Zahltagkrediten öko-nomisch relevant? Die Stichprobe umfasst alle Haushalte in jenem Einkommens-segment, welches am stärksten davon Gebrauch macht. Jedoch nutzt nur ein Bruchteil der Haushalte, die Zugang haben, diese Kredite tatsächlich. Angenom-men es nimmt nur jeder zehnte Haushalt in der Stichprobe mit Zugang zu Zahltag-krediten tatsächlich einen solchen auf. Dann liegt die Wahrscheinlichkeit, dass ein Haushalt mit einem Zahltagkredit nicht in der Lage ist die Rechnungen zu beglei-chen, bei rund 62 % im Vergleich zu 20 % bei Haushalten, die einen solchen Kre-dit aufnehmen könnten, aber es nicht tun. Für den Durchschnitt der untersuchten Bevölkerungsschicht steigt die Wahrscheinlichkeit, dass ein Haushalt in finanzielle Schwierigkeiten gerät, mit dem Zugang zu Zahltagkrediten um 5,3 Prozentpunkte an. Das bedeutet, dass Finanzprobleme bei jenen, die tatsächlich Kleinkredite aufnehmen, mit wesentlich höherer Wahrscheinlichkeit auftreten.

▶ Während ein Viertel der Kreditnehmer ein bis zweimal im Jahr einen Kleinkredit aufnimmt, benutzen rund 30 % mindestens zwölf Kredite pro Jahr.

Die naheliegende Erklärung für diese negativen Ergebnisse sind die hohen Kosten, welche bei einer häufigen Nutzung von Zahltagkrediten entstehen. Ein erheblicher Teil der Kreditnehmer nimmt mehr als zwölf Kredite pro Jahr auf. Für diese Haushalte summieren sich die jährlichen Gebühren auf mehrere hundert bis über tausend Dollar. Das ist im Vergleich zu ihrem meist geringen Einkommen sehr beträchtlich.

Die regelmäßige Nutzung solcher Kredite verursacht im Vergleich zu den niedrigen Einkommen hohe Kosten. Die Studie von Brian Melzer zeigt für die USA, dass der Zugang zu Zahltagkrediten durchaus negative Auswirkungen haben kann. Sie sollten eigentlich helfen, finanzielle Engpässe zu überbrücken, um Rechnungen rechtzeitig zu begleichen und wichtige Ausgaben nicht verschieben zu müssen. Es zeigt sich jedoch, dass sie selbst zur Ursache finanzieller Schwierigkeiten werden können. Es bedarf weiterer Forschung, um besser zu verstehen, welche Kredite den Kreditnehmern schaden, wann ein Zahltagkredit echten Nutzen bringt, und wie Regulierung und Konsumentenschutz optimal auszugestalten wären.

Legen niedrige Zinsen den Keim für die nächste Finanzkrise?

Linda Kirschner

Relevanz

Eine expansive Geldpolitik soll Wirtschafts- und Finanzkrisen entschärfen und eine schnellere Erholung einleiten. Eine länger anhaltende Niedrigzinsphase entfaltet jedoch ungünstige Nebenwirkungen. Diese erschweren zunehmend den Ausstieg aus der Niedrigzinspolitik. Im Vergleich zu ihren Konkurrenten mit hohen Kapitalpolstern vergeben gerade die schlecht kapitalisierten Banken mehr und riskantere Kredite, die in der nächsten Rezession zu umso höheren Verlusten führen. Gerade die Banken mit wenig Eigenkapital können solche Verluste am wenigsten selber tragen und geraten leicht in existentielle Gefahr. Das könnte den Keim für die nächste Krise legen. Umso wichtiger wären ein rechtzeitiger und vorsichtiger Ausstieg aus der Niedrigzinsphase, ausreichende Kapitalstandards für Banken, sowie vorbeugende Massnahmen, welche die Risiken in der Realwirtschaft abbauen.

Christian Keuschnigg

Quelle

Der nachfolgende Text ist eine Zusammenfassung von: Jimenez, Gabriel, Steven Ongena, Jose-Luis Peydro und Jesus Saurina (2014), Hazardous Times for Monetary Policy: What do Twenty-three Million Bank Loans Say about the Effects of Monetary Policy on Credit Risk-taking? Econometrica 82, 463–505.

L. Kirschner (✉)
Universität St. Gallen, St. Gallen, Schweiz
E-Mail: linda.kirschner@unisg.ch

Spätestens seit der Finanzkrise von 2007–2009 wird darüber gestritten, ob ein niedriger Leitzins der Zentralbank die Risikobereitschaft von Banken erhöht. Dafür spricht, dass die Banken von 2002 bis 2005 zunehmend riskante Kredite vergaben und der Leitzins mehrheitlich auf einem niedrigen Niveau lag. Eine simple Korrelation ist aber noch kein Beleg für einen kausalen Zusammenhang. Es könnten auch andere makroökonomische Faktoren einschließlich niedriger langfristiger Zinssätze dafür verantwortlich sein. Die Geldpolitik braucht eine klare Antwort auf diese Frage, um in einer Finanzkrise richtig zu handeln, neuen Krisen vorzubeugen und ihre Folgen abzumildern.

Die Politik niedriger Leitzinsen, welche die kurzfristigen Zinsen senkt, kann das Risiko der Unternehmenskredite und im Nachgang den Umfang fauler Kredite auf zwei Wegen beeinflussen. Erstens bestehen bei niedrigen Zinsen auch viele eher knapp rentierliche Investitionsprojekte noch den Investitionstest der Unternehmen, die sich bei höheren Zinsen nicht mehr rechnen. Dazu kommt, dass niedrige Zinsen die Vermögenswerte steigen lassen, so dass der Wert der Sicherheiten und damit die Kreditfähigkeit scheinbar zunimmt. Wenn die Zinsen wieder ansteigen, sind viele Projekte nicht mehr rentabel und der Wert der Sicherheiten fällt. In der Folge steigt der Anteil fauler Kredite.

Zweitens gehen niedrige Zinsen auch mit hoher Liquidität einher. Daher können sich Banken sehr leicht kurzfristig und billig refinanzieren und das Volumen der Kreditvergabe ausdehnen. Dazu kommt, dass in einer Niedrigzinsphase sichere Anlagen wenig rentieren und die Banken auf der Suche nach Profitabilität ihre Mittel eher in riskante Unternehmenskredite anstatt in wenig rentierliche sichere Anlagen investieren.

Sowohl von der Seite der Unternehmen als auch der Banken steigern niedrige Zinsen nicht nur das Volumen der Unternehmenskredite, sondern auch ihr Risiko. Wenn nicht andere Vorkehrungen wie z. B. antizyklische Kapital- und Liquiditätsanforderungen bei den Banken greifen, kann also eine länger anhaltende Niedrigzinsphase den Keim für die nächste Finanzkrise legen. Der Beitrag der Forschungsarbeit ist es, den Einfluss niedriger Zinsen nicht nur auf das Volumen, sondern auch auf die Qualität der Kreditvergabe zu quantifizieren.

Die Forscher nutzen Daten des spanischen Kreditregisters, das detaillierte Informationen über sämtliche Kreditanfragen von Firmen sowie die Kreditentscheidungen der Banken und die Anforderungen an die Kreditsicherheiten enthält. Sie können auch die Zusammensetzung und den Umfang des Kreditportfolios der Banken beobachten. Der Datensatz umfasst die Zeitspanne von 2002 bis 2008 und reicht in die Zeit der großen Wirtschaftskrise hinein. Die Wahrscheinlichkeit einer Kreditzusage belief sich auf durchschnittlich 36 %. Neben den

Daten des Kreditregisters nutzen die Ökonomen auch Bilanzdaten der jeweiligen Banken und Firmen. Die durchschnittliche Eigenkapitalquote der Banken lag bei eher geringen 5,5 %, ein Wert, der vor und während der Krise jedoch dem europäischen Durchschnitt entsprach. Das Risiko, dass Firmen ihren Zahlungsverpflichtungen nicht nachkamen, betrug durchschnittlich 3 %. Allerdings schwankte dieser Wert stark, einige Unternehmen besaßen also ein höheres Ausfallrisiko als andere. Ein Unternehmen galt als riskant, wenn es in den vergangenen 4 Jahren mindestens einmal zahlungsunfähig war.

▶ Eine Senkung des Tagesgeldsatzes um einen Prozentpunkt steigert die Wahrscheinlichkeit einer Kreditzusage an zahlungssäumige Gläubiger durch schlechter kapitalisierte Banken um 3 Prozentpunkte mehr als bei stabilen Banken.

Konkret untersuchen die Forscher die Wahrscheinlichkeit einer Kreditzusage in Abhängigkeit der Veränderung des kurzfristigen Zinssatzes, der Eigenkapitalausstattung der Bank und des Risikos des Kreditnehmers. Die Analyse bestätigt zunächst die intuitive Vermutung, dass die Wahrscheinlichkeit einen Kredit zu erhalten, für ein riskantes Unternehmen geringer ist als für ein Unternehmen ohne auffällige Kredithistorie. Allerdings führt eine Reduzierung des Tagesgeldzinses um einen Prozentpunkt dazu, dass die Wahrscheinlichkeit einer Kreditzusage an ein riskantes Unternehmen um 7 Prozentpunkte steigt. Die Ergebnisse sind noch bedenklicher, wenn man die Kreditzusagen von Banken mit stabiler Eigenkapitalbasis mit den Entscheidungen gering kapitalisierter Banken vergleicht. Eine Bank mit wenig Eigenkapital hat weniger zu verlieren als eine vergleichbare Bank mit höheren Eigenmitteln. Schlecht kapitalisierte Banken sind deshalb bei sinkendem Zinssatz tendenziell stärker geneigt, riskantere Unternehmenskredite zu vergeben, die zwar öfter ausfallen, aber dafür im positiven Fall höhere Zinsen abwerfen. Die Autoren vergleichen jeweils das Verhalten von Banken, deren Eigenkapitalquote eine Standardabweichung (2 Prozentpunkte) auseinanderliegen. Abb. 1 zeigt den Unterschied in der Zunahme der Kreditvergabe in Abhängigkeit von der Eigenkapitalausstattung. Um den gezeigten Betrag nimmt die Wahrscheinlichkeit der Kreditzusage durch schlecht kapitalisierte Banken stärker zu als bei Banken mit höherem Eigenkapital. Dieser Unterschied zeigt sich nicht nur bei risikoarmen Unternehmen, sondern ist bei riskanten Unternehmen mit vergangenen Zahlungsausfällen sogar noch höher.

Zudem untersuchen die Autoren das Volumen der zugesagten Kredite und die mit der Kreditzusage verbundenen Anforderungen an Kreditsicherheiten. Es zeigt

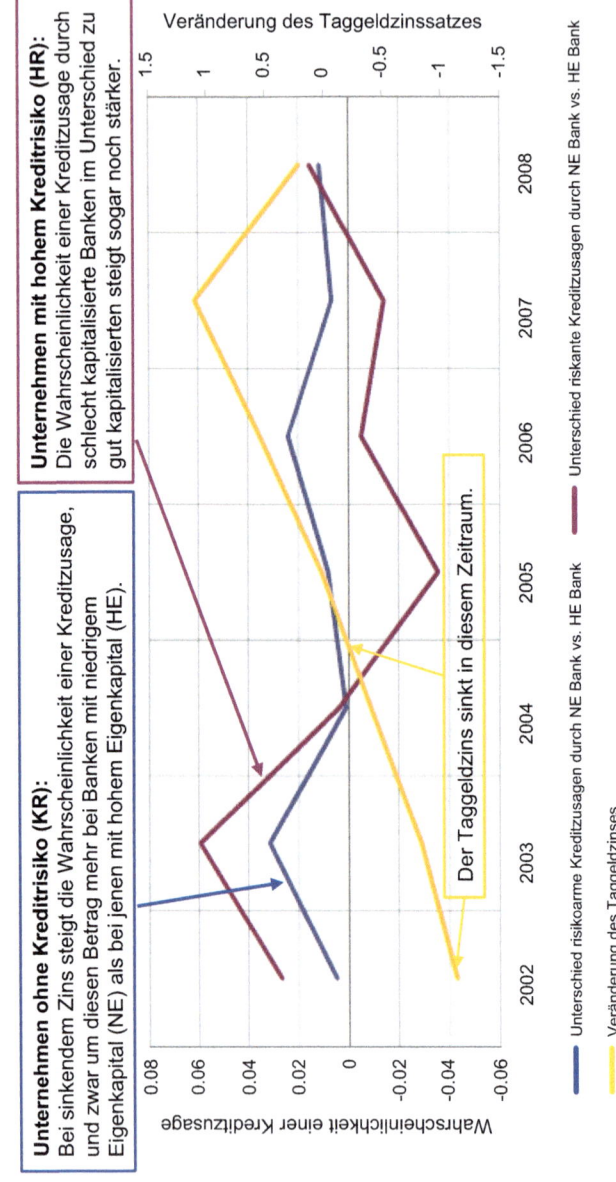

Abb. 1 Wie Kreditzusagen auf Änderungen des Tagesgeldzinses reagieren. (Quelle: Jimenez u. a., 2014, 484)

sich, dass Unternehmen, die in der Vergangenheit schon einmal zahlungsunfähig waren, kleinere Kreditbeträge erhalten als ihre Konkurrenten mit einer weißen Weste. Doch auch diese Situation ändert sich bei sinkenden Zinsen.

▶   Wenn der Tagesgeldsatz um 1 Prozentpunkt sinkt, weiten schlechter kapitalisierte Banken ihr riskantes Kreditvolumen um 18 % mehr aus als stabile Banken.

Niedrige Zinsen steigern das Kreditvolumen. Bei niedrigem Tagesgeldzins sagen die Banken mit höherer Wahrscheinlichkeit riskante Kredite zu und die versprochenen Kreditbeträge sind höher. Führt das zu einem Anstieg des Umfangs zukünftiger fauler Kredite? Das würde die nächste Finanzkrise begünstigen. Für eine Antwort sind die Kredite selbst, ihre Struktur und die zugrundeliegenden Sicherheiten eingehender zu betrachten. Nimmt nur das Kreditvolumen aufgrund gestiegener Liquidität zu oder gibt es eine strukturelle Verschlechterung in der Qualität der Kreditvergabe? Die Wissenschaftler untersuchen, ob die an riskantere Unternehmen vergebenen Kredite tatsächlich häufiger ausfallen und ob bei Zahlungsunfähigkeit weniger Sicherheiten zur Verfügung stehen, was die zu erwartenden Verluste der Banken steigert. Die Daten bestätigen die Vermutung. Die riskant vergebenen Kredite haben tatsächlich später eine höhere Ausfallwahrscheinlichkeit. Sie werden auch häufiger ohne Sicherheiten gewährt, sodass der Verlust für die Banken grösser wird.

▶   Banken mit weniger Eigenkapital vergeben bei einer Senkung des Tagesgeldzinses riskantere Kredite, die mit einer um 5 Prozentpunkte höherer Wahrscheinlichkeit ausfallen. Gleichzeitig sinken die Anforderungen für die Besicherung. Die Wahrscheinlichkeit, dass diese Kredite gänzlich unbesichert bleiben, steigt im Vergleich zu stabilen Banken um fast 7 Prozentpunkte.

Ein niedriger Leitzins erhöht nicht nur das Kreditvolumen, sondern steigert auch das Risiko des Kreditportfolios und den Umfang der faulen Kredite. Besonders problematische Auswirkungen hat eine Niedrigzinsphase auf die Banken mit wenig Eigenkapital. Sie haben große Anreize zu riskantem Verhalten und können später kaum die Konsequenzen tragen, wenn das Risiko negativ ausschlägt.

Mitarbeiterverzeichnis

Christian Keuschnigg ist Initiator des Projekts Next Generation und Herausgeber der Forschungsnachrichten. Er ist Professor für Nationalökonomie und leitet die Programme Master in Economics und Master in Quantitative Economics and Finance. Seine Forschungsinteressen betreffen die Ökonomie der Besteuerung, soziale Sicherung, Unternehmen, Banken und Finanzierung, und internationale Ökonomie. Er ist in der Politikberatung engagiert und leitet des Wirtschaftspolitische Zentrum WPZ, ein Kompetenzzentrum der Universität St. Gallen (FGN-HSG).

Beatrix Eugster unterstützt die Initiative Next Generation als betreuende Dozintin. Sie ist Assistenzprofessorin für Volkswirtschaftslehre mit besonderer Berücksichtigung der Disability Economics & Integration, Direktorin des Centers for Disability and Integration und Mitglied der Programmkommission des PhD in Economics and Finance. Ihre Forschungsinteressen liegen in der empirischen Gesundheits- und Arbeitsmarktökonomik, insbesondere in Ansätzen zur Inklusion und sozialen Sicherung von Menschen mit Behinderung.

© Der/die Herausgeber bzw. der/die Autor(en) 2018
C. Keuschnigg (Hrsg.), *Inklusives Wachstum und wirtschaftliche Sicherheit*,
https://doi.org/10.1007/978-3-658-21344-2

199

Michael Kogler unterstützt die Initiative Next Generation als betreuender Dozent. Seit seiner Promotion
zum Ph.D. in Economics and Finance 2016 arbeitet er
als Postdoktorand an der Universität St. Gallen
(FGN-HSG). 2017-18 arbeitet er zudem als Visiting
Scholar an der New York University, Stern School of
Business. Seine Forschungsinteressen liegen in den
Bereichen Banken, insbesondere deren Regulierung
und Besteuerung, sowie Finanzmärkte und Wachstum.

David Bader
Universität St. Gallen
Master in Quantitative Economics and Finance
david.bader@student.unisg.ch

Anne Beck
Universität St. Gallen
Master in Economics
annehelene.beck@student.unisg.ch

Pascale Bourquin
Universität St. Gallen
Bachelorstufe
p.bourquin@bluewin.ch

Margaret Davenport
Universität St. Gallen
PhD in Economics and Finance
margaret.davenport@unisg.ch

Gerald Gogola
Wirtschaftsuniversität Wien
Master Volkswirtschaft
gerald.gogola@s.wu.ac.at
Gerald Gogola ist Student der Wirtschaftsuniversität Wien und studentischer Mitarbeiter am WPZ Research, einem Partnerinstitut des Wirtschaftspolitischen Zentrums der Universität St. Gallen (FGN-HSG).

Theresa Goop
Universität St. Gallen
Master in Economics
theresa.goop@student.unisg.ch

Simon Helmig
Universität St. Gallen
Master in Economics
simon.helmig@student.unisg.ch

Valentine Huber
Universität St. Gallen
Bachelor in Economics
valentine.huber@student.unisg.ch

Linda Kirschner
PhD in Economics and Finance
Universität St. Gallen
linda.kirschner@unisg.ch

Corinne Knöpfel
Universität St. Gallen
Master in Quantitative Economics and Finance
corinne.knoepfel@student.unisg.ch

Michael Knuchel
Universität St. Gallen
Studium Master in Economics and CEMS Master in
International Management
michael.knuchel@student.unisg.ch

Ieva Maniušytė
Universität St. Gallen
Master in Economics
ieva.maniusyte@student.unisg.ch

Marko Mlikota
Universität St. Gallen
Master in Quantitative Economics and Finance
marko.mlikota@student.unisg.ch

Michael Nübler
Universität St. Gallen
Master in Economics
michael.nuebler@student.unisg.ch

Dominik Schläfli
Universität St. Gallen
Master in Banking and Finance
dominik.schlaefli@student.unisg.ch

Valentina Sontheim
Universität St. Gallen
Master in Economics
valentina.sontheim@student.unisg.ch

Thomas Spycher
Universität St. Gallen
PhD in Economics and Finance
thomas.spycher@unisg.ch

Carina Steckenleiter
Universität St. Gallen
PhD in Economics and Finance
carina.steckenleiter@unisg.ch

Brigitte Tschudi
Universität St. Gallen
Master in Economics
brigitte.tschudi@student.unisg.ch

Vera Trautwein
Universität St. Gallen
Master in Quantitative Economics and Finance
vera.trautwein@student.unisg.ch

Philine Widmer
Universität St. Gallen
Master in Quantitative Economics and Finance
philine.widmer@unisg.ch

Hannah Winterberg
Universität St. Gallen
Master in Economics
hannah.winterberg@student.unisg.ch

Volkswirtschaftslehre an der Universität St. Gallen

Das Department für Volkswirtschaftslehre an der Universität St. Gallen ist Teil der School of Economics and Political Science und bietet Studienprogramme zur Volkswirtschaftslehre auf allen Stufen der Lehre sowie in der Executive School an. Detaillierte Informationen zu den Studienprogrammen sind auf folgenden Seiten zu finden:

- Bachelor Major VWL: www.vwl.unisg.ch
- Master in Economics: www.mecon.unisg.ch
- Master in Quantitative Economics and Finance (MiQEF): www.miqef.unisg.ch
- PhD in Economics and Finance (PEF): www.pef.unisg.ch

Printed by Printforce, the Netherlands